图说名人

《图说名人》编委会 编著

甘地

印度国父

Gandi

Yindu Guofu

南海出版公司

图书在版编目（CIP）数据

印度国父——甘地 / 《图说名人》编委会编著．--
海口 ：南海出版公司，2015.9（2024.8重印）
ISBN 978-7-5442-7965-9

Ⅰ．①印… Ⅱ．①图… Ⅲ．①甘地，M.K.（1869～1948）－传记 Ⅳ．①K833.517=5

中国版本图书馆CIP数据核字（2015）第204933号

YINDU GUOFU——GANDI

印度国父——甘地

编　　著	《图说名人》编委会
责任编辑	张蕾
出版发行	南海出版公司　电话：（0898）66568511（出版） （0898）65350227（发行）
社　　址	海南省海口市海秀中路51号星华大厦五楼　　邮编：570206
电子信箱	nhpublishing@163.com
经　　销	新华书店
印　　刷	天津旭丰源印刷有限公司
开　　本	787毫米×1092毫米　1/16
印　　张	7
字　　数	80千
版　　次	2015年12月第1版　　2024年8月第3次印刷
书　　号	ISBN 978-7-5442-7965-9
定　　价	36.00元

前言

古往今来的名家大师，在攀登人生理想高峰的征途中，越过了丛丛荆棘，留下了斑斑足迹。他们饱经沧桑、历尽艰辛，才闯出了一条条成功的道路，摘取了一顶顶闪亮的桂冠，赢得了世人的称道。后人借助他们的成功经验或失败教训，得以跨过人生征途中的险关，从而驶向成功彼岸。

作为青少年，在成长历程中，求知是最热切的希望，阅读是最快乐的体验。广泛阅读名家大师的传记，不仅能够培养和提高文学鉴赏能力，丰富思想，还能增长智慧，正确选择人生的航向。

本书向青少年朋友们描述的是现代印度“国父”——被誉为“圣雄”的伟大政治领袖甘地。莫罕达斯·卡拉姆昌德·甘地（1869—1948），被尊称为“圣雄甘地”，是印度民族解放运动的领导人和印度国民大会党（简称国大党）领袖。他是现代印度的国父，是印度最伟大的政治领袖，也是现代民族资产阶级政治学说——甘地主义的创始人。他的精神思想带领国家迈向独立，脱离了英国的殖民统治。他的“非暴力”哲学思想，影响了全世界的民族主义者和争取和平变革的国际运动。

英国哲学家罗素说：“历来凡有成就的人，不论伟人、凡人，无不受到前贤思想的影响。我们必须向上一代人学习，必须掌握人类已经取得的优秀成果，必须借鉴他们的成功经验，这样才能少走弯路。”

由于受生活时代与环境的影响，在这些大师荣耀光环的下面，难免会存在些许微瑕，我们应该辩证地评价名家大师的一生，用睿智的眼光看待他们，学习他们取得的成功经验，汲取他们留下的精神营养，进而完善自己的思想，根据自己选定的人生航向，在人生道路上顽强拼搏，用智慧和血汗换来成功，靠勤奋和才能走向辉煌。

目录

CONTENTS

留学伦敦

踏遍印度

非暴力抵抗运动

坐牢坐出了胜利

靛蓝的污点

绅士囚徒

我出生在这样的家庭

图　说　名　人

我耿直的父亲

我们甘地家族属于巴尼亚种姓（译者按：印度种姓制度共分为四级：第一等级是婆罗门，即知识和宗教阶级；第二等级是刹帝利，即军人和政治阶级；第三等级是吠舍，即工商阶级；第四等级是首陀罗，即劳工阶级。巴尼亚种姓为吠舍的一支，原来的职业是经商或务农），最初好像是做小本经营的，但是，曾有三代历任喀蒂亚华（译者按：喀蒂亚华是印度西端一个小的半岛，岛上划分

※年轻的甘地

名人名言

手段的不纯洁，必然导致目的的不纯洁。

——甘地

有不少的印度联邦，其中心在喇其谷）许多邦国的首相。我的祖父乌塔昌德·甘地，别名奥塔·甘地，是一个原则性很强的人。政治上的阴谋强迫他离开了坡班达尔。在那里，他曾任当地的“地王”（译者按：每一联邦的首相往往被尊称为“地王”），之后，逃亡到朱那迦特。在那里，他用左手向奈华孛致敬。面对别人的不解，他这样解释道：“我的右手已经为坡班达尔服务了。”

奥塔·甘地丧偶后又娶了一个妻子。前妻生了四个儿子，第二个妻子则生了两个儿子。在我童年时，从来没有想过奥塔·甘地的儿子们竟然不是由同一个母亲所生。这六个弟兄中的第五个儿子名叫贾刺玛香·甘地，别名贾白·甘地；第六个儿子名叫都西大·甘地，这两个兄弟先后做过坡班达尔的首相。贾白·甘地就是我的父亲。他起初在喇其谷做了若干年的首相，后来又在王家纳做首相。

贾白·甘地一共结了四次婚，他的妻子都接连死了。他在头两次婚姻中，生了两个女儿。他最后一个妻子叫普丽蓓，生了一个女儿、三个儿子，我是最小的一个。

我的父亲热爱他的宗族，生性耿直，勇敢侠义；他性格急躁，又多情善感。他有时耽于肉体的快乐，因为他在40岁以后还结了第四次婚。但是他清廉自守，无论在家里还是外面都拥有公正的盛誉。他对于国家的忠诚是有目共睹的。有一天，当一个政务官用侮蔑的口气讲述他的王公时，我的父亲奋起攻击，那个政务官恼羞成怒，要求贾白·甘地向他道歉，我的父亲严加拒绝后，便被监禁了若干小时，等到政务官探悉贾白·甘地拥有不屈不挠的个性时，便下令恢复他的自由。

我的父亲从来没有搜刮财富的野心，他只留给我们一些有限的财产；他除了平淡的生活以外并没有受过什么教育，他对于历史地理都知之甚少。但是，由于他在社会上所获的历练，能帮助他解决最错综复杂的事情，使他能够领导一百多人；他没有受过多少宗教训练，但是他在寺院参拜中及聆听印度教的经文讲解时，获得了这种修养。在他暮年时，他听从一个教养颇深的婆罗门（僧侣）的劝告，开始诵念《季达经》，每天礼拜的时间大声地朗诵经文。

我虔敬的母亲

我的母亲给我一种圣洁的印象，她是一个虔诚的教徒，从来没有吃过一顿不做祷告的餐食。

到寺院里去是她日常的功课。日子虽已很遥远，可是我仍能记得，她从来没有忘记要奉行宗教的斋戒，她毫不懈怠地遵守着几种最难实行的善愿，即使生病也不放弃。

※少年甘地

我还记得母亲为了遵守一个特别的断食善愿，甚至于害了一场疾病。接连两天或三天的禁食，在她来说，是不足为奇的常事；在斋戒期中她每天只吃一顿饭，她还不满意，在这个时期内，甚至于每隔一天、两天，必有一天整日绝食。还有一次，她宣誓在没有看见太阳前，绝不食取任何东西。在这几天中，我们一群小孩老是望着天空，以便发现了太阳时可以去通报我们的母亲。多雨的季节，有时整天看不见太阳。我记得有几天，我们看到太阳突然出现，急忙到家里去向母亲报告这一消息。于是她走出屋外，要亲眼看一看太阳，但是，那时太阳又隐没不见了，于是她仍旧守好斋戒。她很高兴地说：“那没有什么要紧，神不让我今天吃饭。”于是，她又进屋去做她的家务。

母亲颇关心政治局势，宫廷中的贵妇们都极为推崇她的智慧。我时常跟她出去，因此童年时，常能出入宫闱。

1869年12月2日，我诞生在坡班达尔，并在那里度过了童年，而后进入当地的小学接受初级的教育。

我费了很大的劲才弄懂乘法表。对那个时期的记忆只有一些和几个男孩子勾结着戏弄教师的顽皮事情。现在想起来，在那个时候，我的智力与记忆应该是很不出众！

大约在7岁的时候，我的父亲离开坡班达尔担任喇其谷宫廷中的官职，我就被送进喇其谷的初级小学。我对于这个时期的事情则能完全记忆清楚，例如我还记得许多教师们的姓名和每个人的性格。在坡班达尔，正像在喇其谷一样，我在读书方面并没有特别出众的表现，我想我只是一个极平凡的小学生罢了。12岁时，我进了公立中学，我记得在这个时期的生活过程中，我从来没有对我的教师或我的同学说过一句谎话。那时，我很胆怯，常避开一切同伴，我的伴侣只有书本和课业。我习惯准时到校，但一下课，就如同脱缰的马跑回家里，只是为了避免和人家谈话，因为我害怕别人嘲笑我。

我在公立中学第一年的考试时发生了一件事情。督学祁尔氏到学校里来参观，他出了五个词叫我们

※古吉拉特邦的甘地故居

默写，其中有一个词是“茶壶”，我并不知道正确写法，而教师则用他的鞋尖向我做暗示，但是我并不明白他的意思。我怎会知道他原来是要我偷抄邻座同学在石板上所写的这个字呢，我只知道教师的责任是监督我们。这一次测验的结果，除了我一个人外，没有人把“茶壶”这个词写错，只有我一个人是愚笨的，那位教师事后设法使我知道愚笨的原因，但是仍旧不免使他失望。抄袭这一勾当，我是绝不愿意学习的。虽然发生了这种事，我并没有因此减少对师长的敬意，因为我习惯尊重师长而从不评判他们行为的是非。

※甘地蜡像

两出动人的戏曲

另外还有两件事情，也发生在同一年代，深刻地留在我的记忆里。

我每日必完成我的功课，因为我害怕受到教师的谴责，但是我的思想往往没有集中在功课上，而在繁忙的功课之外。我也没有余暇去读课外读物。可是，有一天，我在读一出描述希刺华那孝行的剧本时，得到极大的益处。正巧，那时家里来了一队旅行剧团，其中的一幕戏表现了希刺华那双肩缚上肩带，驮着他失明的父母到各地旅行。这本书和戏剧在我心中留下了不可磨灭的痕迹。我对自己说："这是应该效法的榜样。"希刺华那的父母痛悼他们儿子死时的那幕悲苦剧情，至今还历历如在眼前。这一出可歌可泣的戏曲使我深受感动，我曾经用我父亲给我买的手风琴演奏过这动人的曲子。

另一出戏曲也曾带给我同样的影响。那时，我得到父亲的准许，去看一出名为《哈理香特刺》的戏。这出戏曲使我狂喜且百看不厌，它常回绕在我的心目中。我夜以继日地这样自问："为什么世界上的人类不能像哈理香特刺那样率真呢？"这一出戏曲使我激动，希望能像哈理香特刺那样去追求真理。每次我回忆起那个时刻，都会情不自禁地流下眼泪。今天，我的判断力告诉我，哈理香特刺虽然不能成为历史上的实际人物，但是，在我内心中仍旧认为哈里香特剌与希剌华那都是活泼的实际人物；到了今日，我自信，无论看书还是看戏，我都能像从前一样地深受感动。

我知道若要成为一个忠实的真理崇拜者，便应该咽饮无数杯的苦酒，这些是无法避免的，这是一种悲痛的责任。我必须先把我在13岁结婚的事实，在这里做个详细的报告。而今日，在我监护之下的同样年龄的孩子们，能逃避那种不合理的婚礼，不必与我有相同的命运，而感到庆幸。

请读者们不要发生误解，我说的是我的结婚事件而不是订婚。因为在喀薪亚华，这两件事有不同的仪式。订婚是青年男子和少女的双方父母间互相交换的一种预约，它并不是不可违背的，假使男子死了，并不能强制少女守寡。订婚仅是家长间的一种协商，而往往子女们也不会知道的。我曾订过三次婚，虽然我完全不知道在什么年代先后举行过仪式。后来别人告诉我，最初家人给我选择的两个少女，一先一后都死去了。而第三次订婚则是在我7岁的那

※甘地陵前的不灭灯火象征了甘地不屈的精神

※印度三藩港口甘地雕像

一年，这也是别人告诉我的。但我现在要叙述的不是关于订婚的事，而是在我记忆中最清楚的结婚事件。

我们兄弟共有三人，这是人人都知道的。最大的哥哥早已经结婚了，我的父母决定让我二哥和一个堂兄及我在同一个吉日举行婚礼。家人并不关心我们的幸福，也不关注我们的愿望，结婚只不过是考虑到我们家庭方面的经济及便利问题罢了。

在印度，结婚并不是一件平常的小事情，新婚夫妇的家长们往往因为举行婚事而破产，他们花费时间和金钱，耗费好几个月来制作衣服、购备首饰及准备筵席。男女双方都各在仪式及膳食方面竞争。女人们不管有没有好的嗓子都要拼命地唱，且歌唱得声嘶力竭，有时甚至于唱到生病，这样的喧嚣热闹总要骚扰得邻居不得安宁才肯罢休。邻居们虽耳闻那些聒乱的声浪，看到那扬天的灰尘垃圾及喜宴后狼藉的残物，但并不会生气，因为他们知道到了某一个时期，他们也将如法炮制地还敬他们的邻居呀！为了便于处理这些令人头痛的繁文缛节、节省金钱、减少排场，且我的父亲和我的伯父都已很老了，我们都是最小的儿子，他们自然都愿意在有生之年，参与这样一种最后的家庭喜庆。为了这种种的原因，他们便决定在同一时间举行三组婚礼，于是，大家开始在几个月中忙碌地从事筹备工作了。

新婚第一夜

我们看到了家人准备的情形才知道我们将举行婚礼。我对这一件事的想法，认为只是穿着华丽的新衣，参加仪仗的游行，以及精美的宴席和多了一个与我共同游戏的陌生小姑娘罢了，至于生理上的欲望是到后来才发觉的。

我和哥哥都从喇其谷被送到坡班达尔，父亲虽位至“地王”，但他是国家的公仆，而且颇得萨希泰谷的宠信，所以一直等到将近主持婚礼的吉期才请到假，萨希泰谷特地派了一辆专程的双马车送父亲回到故乡。但是时运不济，发生了一件不幸的意外事故。原本从喇其谷到坡班达尔如果乘普通车辆须走五天的路程，父亲则预备在三天之内赶到故乡。但是当他乘的那辆双马车走到第三个驿站时车身忽然翻覆了，父亲受了重伤，他和我们都担心婚礼或许将受到影响。但是日期早已决定了，怎么可以再延迟呢！我只知道沉溺在幼稚的快乐中，甚至把父亲的可怜遭遇都抛到脑后去了。

※甘地与他的妻子

父亲虽已负伤，但仍旧专心主持婚礼，装出很康健的样子。我每次回忆旧事时，还能记得他在举行婚礼各种仪式时所坐过的位子。我自己觉

知识链接

印度婚礼

婚礼当天新郎家里要大宴宾客，时辰到了，新郎引领一列壮观的迎亲队和西式鼓号队，吹吹打打到女方家里去接新娘子，一路上唱唱跳跳，当新郎和迎亲队到了新娘家以后，新郎要把朱砂涂在新娘的头发分缝处，那朱砂最好是水状的，让它流到额头上一些，这样预示着夫妻相爱到老。迎亲队伍回到新郎家后，此时祭师已把大米、树叶、燕麦、玫瑰花瓣等象征财富、健康、幸福、繁荣的各种祭品摆在祭坛上。

新郎新娘面朝东方站立，中间生起一堆火，视火为神，以火为证，完成结婚仪式。新人双方依祭师的指示向火中投掷拉瓦(炒熟的大米)，祈求火神保佑对方，并祈祷婚姻圆满。接着是新郎新娘绕火转圈的仪式，即新郎新娘朝拜火神，祭师要新郎向新娘以梵文说道：我如拉玛神一样值得称颂，你如同梨俱吠陀一样值得赞扬，你犹如地球，我好似太阳。我俩欢欢喜喜地结婚，早生贵子，儿孙满堂，个个长大成龙成凤，我们自己也健康长寿。祭司对祭品和新人表示祝福，然后把他们的手握在一起，然后新郎新娘要围绕火堆走7步，被称为“七步神”。其后，新郎新娘向长辈行触脚礼，即跪在地上用前额去触长辈的脚，或用手先触长辈的脚再触自己的额头，同时接受长辈的祝福。

得：我不应该责难父亲在我年纪很轻时即为我举行婚礼，因为在那一天，我觉得一切都很圆满、愉快而又正常。那时我也乐于结婚。我父亲的一切举措历历在目，使我深受感动，现在回想起来是觉得父亲的做法不应该受到非议的。

从此，两个无邪的孩子毫无所知地被投入生活的大洋中了。我的嫂嫂给我准备好第一夜的一切知识。我不知道谁把所有的知识告诉了我的妻子。我从来没有问过她，我也不愿意问她。读者们或许会明白我们当初是怎样地紧张而又冒昧，我们那时的确是太胆小了，我不知道怎样和她说话，也不知是否应该和她说话。临场上阵，一切旁人的意见和指示都化归无用。我们后来渐渐地了解彼此的性情，并很自由地互相交谈起来。我们虽是同样的年龄，但是没过多久，我便确定了我做丈夫的权利。

回避体育训练

我结婚时还在公立中学读书，我的三个哥哥和我都在同一个中学里。大哥的班次很高，二哥则仅比我高一班。我们的学业因为结婚而延迟了一年，二哥后来甚至于辍学了。

我则仍继续读书。在学校里，我获得了教师们的关爱。每一学期，学校都把我的品行报告单及分数递进表寄给我的父母，每次我都是优等。时间虽很久远，但我知道我的天资并不聪明，但是对于品行却很谨慎。假使我偶然犯了轻微的过失，我必会流泪痛悔；当我觉得应受谴责时，那会使我异常难堪。有一天，我受到了一种体罚，这个惩罚对我来说是无辜的、冤屈的，所以在受了体罚后，我不禁哀泣起来，那时我正在第一班或第二班读书。

等到我升至第七班时，又发生了一件意外事故。那时候的校长是陶剌白其爱杜尔其·祁米，在学生眼里，他是一个可亲近的、公正的人物，同时也是管理有方的。他认为凡属高级班里的学生都应该接受体操及球戏的训练。我一向厌恶学校中的一切运动，在受到强制以前，我从来没有参加过足球或其他的球类活动。我所以回避这种运动，一是由于胆小，二是我以为那是可笑的事情。我在那个时期具有一种错误的成见，以为体育和学校中的游

名人名言

祈祷不是要求，
而是灵魂上的渴望。
——甘地

戏不应列为教育的一环，今日我才发现体育在教育上所占的地位实不亚于智育。可是我也得声明一下，我那时的体格并不能说差，因为我明白在野外作长途步行的益处，所以，我养成了走路的习惯。直到如今我还保持这种习惯，而这种散步造就了我强壮的体格。

我对于运动不感兴趣的另一理由，是因为我有一股孝顺父亲的热诚。每次教课刚完毕，我就急不可待地跑回家里去服侍父亲。学校中规定的必修体育课程，就是在这个时间内举行，我曾经请求祁米先生允许我不参加体操，以便能够服侍父亲，但是他并不接受我的请求。有一次，记得是星期六，上午有功课，上午课后我即回家，但是下午四点钟须上体操课，我那时并没有手表，有云的天气使我弄错了时间，等到我赶到学校时，其余的同学早已下课了。到了第二天早上，祁米先生发觉我缺课，查问我缺课的理由，我便将经过向他解释一遍，但是他并不信任我，而是处罚我付一笔小数目的罚款。

我的罪名是说谎饰非！我心里很难受，怎样才可以证明我是无辜的呢？想不出方法，我难过得哭了起来。我明白一个言必有信的人，同时也应该是一个细心周到的人，那次疏忽是我的第一次也是最后一次。我仿佛记得我最后付了那一笔罚款，而我的父亲后来也写信给校长，告诉他，学校下课以后，需要我回家料理家务，这样一来，我便被准许可以不再上体操课了。

※甘地在纺纱的间隙看书

习字、英语与几何

我并不会因为忽视运动而感到遗憾，但今日我却为另一种失策而感到苦闷。在求学时期，我并不以为练字体也是教育要素的一环，且一直到在英国留学时，还是毫不重视习字这门功课。后来在南非时，我看见许多律师和生长在当地受当地教育的青年们都写得一手好字，我自己觉得很惭愧，而且深悔这个缺陷。我知道，恶劣的书法常会被认为是接受不完备教育的一种标志。后来，我虽努力设法改善我的字体，但是已经太迟了，我在青年时代所犯的疏忽已经无法补救了。现在我认为，在教授小孩子学习写字以前，应该先学习绘画，让小孩子们用观察的方法

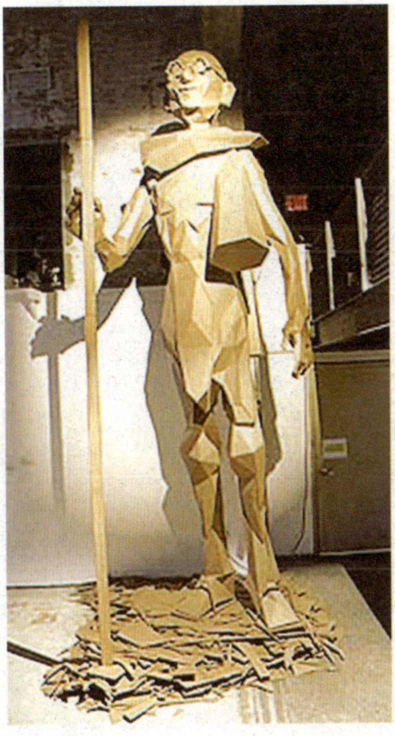

※甘地通过非暴力不合作运动，打击了英国的殖民统治

练习字体，教他们用描画花鸟物件的相同方法，去学写字。

我的中学生时代，还有两件事值得叙述。

我因为要结婚，在学业上荒废了一年工夫。老师为了恢复我的学程，便让我跳升一班，那是只有成绩特别优的学生才可以享受到的待遇。我在第三班的不到六个月内，便经过考试而升到第四班。在我们的教育制度中，英文是官方语言，在升入第四班的前几天，我更觉得如沉溺在大海中，不知所措。几何学，在我认为是一种困难的新科目，再加以用英文讲解，更使我学得吃力。教员教得很卖力，但是我听了仍旧云里雾里，因此我时常意志消沉，想退降到第三班去。因为我觉得，两年的科目要在一年中修完，对我来说是太难了。但是这样一来，不但使我很没面子，而且使我的教师丢脸，因为是他鉴于我的勤学而推荐我升班的。由于这双重的原因，我决定坚持下去。我努力学习，直到练习到安格里特（公元前 3 世纪的希腊几何学者）的第十三命题时才豁然开朗，觉得一切都很容易了。一个题目只需要用理智的力量去解答，绝不会很难的。从那个时候起，我觉得几何很容易学，且对它产生了很大的兴趣。

甘地故居

梵文与波斯文

梵文这一科是一种困难的课业。学习几何学只要凭着记忆力便够了，但学习梵文则非得背诵不可。在第五班时，便有这个科目，等到我升入第六班时，我对于它更觉得勇气全无。老师很严厉，我很怕做他的学生。恰巧有一个教波斯文的教师和他竞争。教波斯文的教师，人很宽容。同学们互相议论，说波斯文很容易学习，而且这位教师对待学生很和善。波斯文的“易学”引诱着我。有一天，我去听了一次课。教梵文的教师很难过，他责备我道：“你怎样可以忘记你是一个‘梵希那华’（译者按：凡信仰唯一最高神的弟子，都被称为‘梵希那华’，他们绝对禁止杀害任何动物的生命而严行素食，具有慈悲及爱的情感）父亲的儿子？为什么不学习你原来宗教的语言？假使你学习上有困难，为什么不到我这里来呢？我愿意尽我的所能好好地给你讲解梵文，你若能按部就班地学习，一定会有进步，将来也会受益很多。你不必失望，请你重新再来听我的梵文课程。”

这一席和善的话，使我听了不

知识链接

梵　文

梵文为印度雅利安语的早期名称，印度教经典《吠陀经》即用梵文写成，其语法和发音均被当作一种宗教礼仪而分毫不差地保存下来。19世纪时梵语成为重构印欧诸语言的关键语种。随着佛经的翻译，很多梵文词汇进入了汉语，如：佛、菩萨、菩提、涅槃、觉悟、禅定、刹那等。

禁面红耳赤，我不能辜负师长的厚意，直到今天，我对于克里希那汉卡播地亚仍心怀感激。因为假使我在当年没有学习他所教授的梵文，我便不会在后来对我们的圣书产生兴趣。我现在深悔自己没有精研梵文，并且我认为所有的印度青年，都应该研究梵文这个科目。

现在，我确信在印度高级教育中，除本地方言之外，应该列入印度文、梵文、波斯文、阿拉伯文及英文。若我们的教育制度具有系统规律，那么，我们的学生们便得以解脱强迫学习外国语的桎梏。我相信研究这些语言，并不是一件讨厌的事，而应该是件令人愉快的事，因为对于一种语言有了基本的认识，就可以在研究其他的语言时，得到不少便利。

※甘地的笑容影响了世界

看护卧病的父亲

我16岁那一年，父亲因痔瘘而卧病不起，我便担任起看护他的一切工作，例如包扎伤口，涂抹药水及准备种种药剂等。每天晚上，我都会替父亲按摩腿部，直到父亲入睡或他吩咐我休息时，才退出他的卧房。我记得我从来没有疏忽过半点，时间完全花在学校与服侍父亲这两方面。在父亲觉得平静时，我得到他的准许，偶尔在晚上到户外去散步片刻。

父亲的症状一天比一天严重起来。“亚宇梵第克”的医生们试用他们的膏药（译者按：“亚宇梵第克”是一种印度教的医法，其治疗完全根据《吠陀经》上所载的方法而施行。至于回教中的医法，名为“宇那尼”，医师则名“哈经”）治疗；本地的郎中，则试用各种草头方；一个英国籍的外科医师也曾诊治过他，并劝用外科的手术，但是家里的医师却表示反对，他的理由是年纪大的人不宜施用外科手术。这个医师在我家里权力很大而且是一个名医，他的话颇得家族的重视。于是大家便放弃了手术计划，而把已准备好的药品都丢弃

知识链接

孟　买

孟买是印度最大的海港，同时也是印度马哈拉施特拉邦的首府。在孟买岛上，距海岸16千米处，有桥梁与堤道相连。1534年为葡萄牙所占，1661年转属英国，为重要的贸易中心。为印度西部门户。是印度的商业和娱乐业之都，拥有重要的金融机构，诸如印度储备银行、孟买证券交易所、印度国家证券交易所和许多印度公司的总部。

掉了。我则坚信，如果那个家庭医师不加干涉，我父亲的痔瘘必会迅速地痊愈。于是家人又决定请一个孟买有名的外科医师治疗，但是神明却另有决定。我的父亲从孟买回来时，带了所有需要的器具，但是那手术对他不起什么效力了。他知道不能再活下去了而感到失望。他一天比一天孱弱下去。家人要他在床上便溺，但是直到临终时，他都坚决拒绝，而要起床解决便溺。因为“梵希那华”关于身体外部保持清洁的规条是非常严厉的。

这样的清洁行为，无疑是一种重要的卫生措施。但是西方的医学界不是有办法让病人卧在床上更换衣服，甚至洗涤的吗？这样不但使病人毫无妨碍地卧在床上，同时能使床铺保持清洁。我认为这种清洁的措施是合乎“梵希那华”原则的。可是我父亲那样坚决要起床的毅然意志，实在使我对父亲增加了崇拜的敬意。

※孟买今貌

终身莫赎的罪污

※甘地在悲痛中送走了病逝的父亲，这种悲痛的心情从此伴随了他很久，即使自己当上了父亲、祖父。图为甘地与孙女

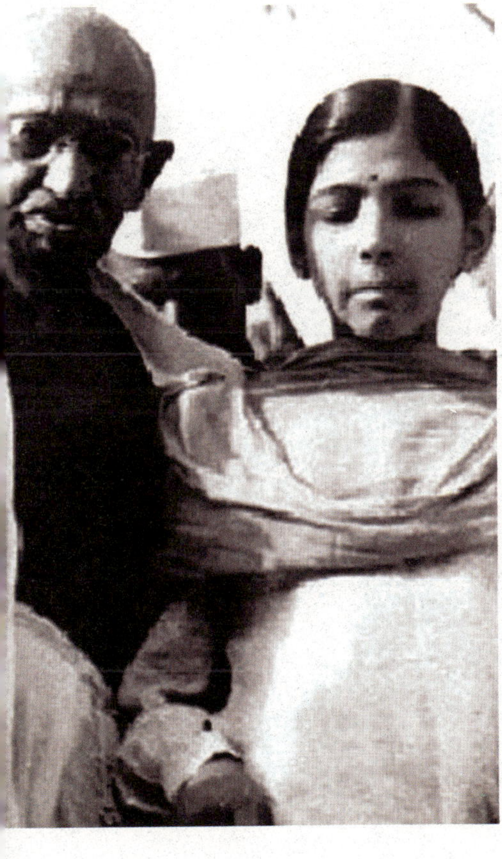

可怕之夜终于到了。我的叔父本来住在喇其谷，他一得到我父亲病倒的消息，即赶来探望。

他们兄弟二人感情融洽，这一天，叔父整日没有离开父亲的床头，他支开我们，坚决要一个人留在那里，没有一个人会想到那是我父亲最后的一夜。那时，他的病状非常危险。

大约在晚上10点至11点光景，我正在按摩父亲的腿部，叔父叫我起来，我听从他的话便走回到自己卧房里去。我的妻子，已经睡得很熟了。可怜的妻子，我已回来了，她怎么可以安睡。于是我把她唤醒了。五六分钟后，仆人来敲房门。我急忙跳起身来，只听见他说："快起来，你的父亲病势恶化。"我一听到"恶化"二字急忙起身离床，跑到父亲那儿。"告诉我，究竟如何？""你的父亲已经死了。"

我觉得一切完了，不禁号啕痛哭起来。我觉得羞惭而又孤零，我跑到母亲房里去，假使我不盲从我的情欲，我还可以延长给父亲按摩的时间，我可以伴送父

亲咽下最后一口气，那也可以减轻我良心上的责备和痛苦。父亲本来是可以死在我的怀抱中，现在，却由我的叔父获得这一个荣耀，他平日是异常敬爱他的哥哥，所以应该得到这样一种报酬。我的父亲早已预感他将去世，他留下这样一个字条："请预备一切后事。"他拔出了臂腕里的咒符，并脱除了一根挂着沉香珠的金链条，不到半晌他便死了。

我的羞惭，前面已经说过，完全是缘于我生理上的贪欲，不前不后却发生在父亲弥留的时刻，正是我应该护侍在侧的时刻。

这是我终身莫赎的一大罪污，是一生永不能忘怀的一大憾事。虽然我对于父母的孝顺是极忠实的，我预备抛弃世间的一切而奉养他们，可是在我良心上终是觉得有一块很重的东西在压迫，因为我的心灵还是不能解脱情欲的桎梏。

从此以后，我虽不失为一个忠实的丈夫，但是我终是一个堕落的浪荡儿，为了要解脱这种桎梏，需要经过相当长的时期，我应该经历其他许多的实践，心灵才能重新恢复宁静。

※甘地纪念馆入口长廊

宗教的片断观念

从六七岁起一直到16岁止，我在公立中学里学到了不少知识，不过，宗教方面却是例外。我得承认，凡是教师们不用心讲解的，我便不提出询问。但是，从周围的环境中，我也零零星星地获得了一些关于宗教的片断观念。我用到“宗教”这一名词时，是指她的广义意思，即作为自我成就的解释。

※甘地走遍全国去宣传他的“非暴力”哲学思想

我是生长在信奉“梵希那华”的家庭里，我应该不时到家庙里去，但是家庙里的祭祀并不使我感兴趣，我并不爱好那些浮华的盛仪。我还听到几个关于不道德行为的流言，因此更加失去了信仰的心理。

名人名言

当我绝望时，我会想起：在历史上，只有真理和爱能得胜，历史上有很多暴君和凶手，在短期内或许是所向无敌的，但是终究会失败。好好想一想，永远都是这样。

——甘地

关于宗教信仰，我要感谢我的奶妈。她是我家里的老佣人，非常疼爱我，她的名字叫郎白。每当我受到惊吓的时候，她教我连连诵念“罗摩”的名号。我只为壮胆而并未有多大的信心，在我很年轻时，我便采用这个方法治疗我的胆怯。虽然时期并不长，可是，孩提时代所播撒的好种子并不是徒劳无益的。直到如今，我还常常诵念“罗摩”的名号，那应该归功于我那个温良的奶妈。

在同一时期中，我一个笃信《罗摩衍那》的堂兄，把朗诵《罗摩衍那》的方法教给我和我的哥哥。我们按照音调咏唱，每天清晨沐浴以后即当早课背诵。在坡班达尔时，我们照例朗诵，但是等到我们迁移到喇其谷时，便不奉行了。我对于这些圣书的咏唱，原本没有多大的信心，只不过觉得用正确的拼音背诵《罗摩衍那》是一件值得夸耀的事而已。

可是有一件事曾留给我极深刻的印象，那是我父亲生前宣读《罗摩衍那》的往事。我的父亲，有一个时期曾在坡班达尔养病，在那里，他晚上听读《罗摩衍那》，宣读者是一个笃信“罗摩”的人，名叫赖达穆罗荼特，人家都说他曾染患癞症，据说不用药石，只用了供奉在皮兰希华庙中大神像前的圣树涂在癞疮上，并诵念“罗摩”的名号，便告痊愈。是真是假，虽不得而知，但是我们都确信这是事实。赖达穆罗荼特在癞症痊愈以后，即开始宣读《罗摩衍那》。他有着流畅谐和的声音，咏唱对句及四行诗，中间穿插以演讲词，常常引来旁听者共同参加合唱。我那时只有13岁，但是我完全能记得被他的宣读所感动的情景，这就是我信奉“罗摩”的初衷。

知识链接

《罗摩衍那》

《罗摩衍那》与《摩诃婆罗多》并列为印度两大史诗。在印度文学史上被称作最初的诗，它不仅在印度文学史上占据着崇高的地位，而且对整个南亚地区和宗教都产生过广泛而深远的影响。全书是诗体，用梵文写成，诗律几乎都是输洛迦（意译为颂），即每节2行，每行16个音节。全文共分为七章，24000对对句。内容主要讲述阿逾陀国王子罗摩和他妻子悉多的故事。

印度教与基督教

几个月后，我们都移住到喇其谷。在这里，我们不再仅仅诵读《罗摩衍那》，因为大家还研究《巴伽华》（译者按：《巴伽华》是印度著名的一种古史咏歌）《富兰那》，我有时也倾听宣诵，但是难以激起灵感。直到现在，我才了解《巴伽华》是一种可以唤起神秘热诚的咏歌，我在古雅剌蒂时曾加以朗诵并对它颇感兴趣。当我在德里进行21天的禁食时，听着潘弟玛棠穆罕玛拉维雅宣读原书的章节，我突然感觉，假如在我童年时，由一个像他那样热心的人诵念，便更能引起我的兴趣。因为在每一个人的本性里，最初的印象最能发生根深蒂固的作用。我觉得在我幼年时期，不能够更多认识这一类的作品，真是一种不能弥补的遗憾。

可是在喇其谷时，我得到了关于印度教各种支派自由信仰的基本知识。因为我的父亲与母亲，除了参拜家庙之外，还往来于罗摩庙及息外庙。有许多清净派的僧侣不时到我家里，访问我的父亲，他们还同意和非清净派的我们共同进食。他们和我的父亲谈论宗教及世俗的问题。我的父亲还结交穆斯林信徒与柏尔西人，他时常很尊敬地恭听他们说教。我因为看护父母的缘故，时常参与这样的交际，于是就获得了宗教信仰自由的观念。

在那个时期，对于基督教却是一个例外。我对它抱有憎厌的成见。因为那时，有些基督教的传道者站在公立中学附近的墙壁角里，大声高谈，辱骂印度教及教门中敬奉的神明，我觉得实在不能容忍。我虽只听过一次，但是这一次的经验就足够使我产生厌恶感了。

就在那个时期，我听见一个颇有名望的印度教徒皈依基督教的事件。据别人传述，在他受洗礼的那天，他须进城吃牛肉喝酒，而且须更换穿着，从此以后散步时须穿西装且不能忘记戴帽子。这些事情使我听了十分激怒。因为我以为，凡是强迫你吃牛肉饮酒及更换服装的宗教，都不配冠以宗教的名称。我同时还听到那些新的基督教皈依者詈骂他们祖宗所信仰的宗教，并讥嘲他们自己的国土风俗。这些都是我厌恶基督教的原因。（译者按：关于《自叙传》中的这一节，曾引起在喇其谷有40年传道经历的史各脱提出抗议。甘地曾接受史各脱的诘难，但是他表示他所叙述的，完全是在童年所见所闻的事件。）

※甘地纪念馆外景

以德报怨的教训

虽然我对于各种宗教抱着自由信仰的态度，但是这并未阻挡我对真理的追求。在那个时期，我偶然在我父亲的藏书中发现了一部《玛拿士无利蒂》（译者按：《玛拿士无利蒂》是印度教中一部古旧的法典，它维护种姓阶级的制度，并包含有关于创造及人类原始的传说），书中谈到上帝创造的历史和其他的逸话，但它并没给我留下深刻的印象，相反，它却让我倾向于无神论的思想。

我终于深信道德是一切行为的基础，真理是一切道德的本体，于是真理便成为我唯一的偶像。它每一天都在扩展，从此以后，我的真理定义逐渐发扬光大起来了。古辣雅蒂的一首格言诗，深印在我的心中，尤其是“以德报怨”的训诫，更成为我主要的处世原则。我对于这一个课题产生了极其炽烈的热情，而后便开始躬行实践，这里是我认为伟大的几行字句：惠我杯水，报以美食；与我寒暄，报以长揖；锱铢之贻，重抵万金；尔命被救，赴义舍身。誓人言行，尔宜敬佩；善小必为，其酬十倍。至圣之域，人我界泯，以德报怨，其乐无边。

※人们为甘地塑像献花环

升入大学后的彷徨

当我在公立中学考完试后，我的家族要我继续求学，升入大学。在巴物那伽及孟买两地各有一所大学。巴物那伽的大学学费较便宜，我决定报名进那里的沙玛达大学。入学以后便觉得如沉溺在大洋中，一切都觉得很困难，我无法领悟教授们的讲课，当然这并不是他们的过失。这座大学中的教授们都被认为是第一流的人才。我只怪自己太笨了，在第一个学期末，我就辍学回到老家。玛物氏达物，我们的一个老友同时也是我们的家庭顾问，是一个博学而又机敏的婆罗门。在我放假期间，他来探视我们。他和我的母亲及我的哥哥谈论时，非常关心我求学的事情。他知道我在沙玛达大学，就说道："时代已经变化了，你们无论是谁，假使不受一种适当的基本教育，没有一个有希望取代你们父亲'地王'的资格。但是，这个年轻人既然还在继续求学，你们应该帮助他取得'地王'的职位。假若他要像我的儿子一样研究法律，那还需要更长久的岁月。在这个时期中，有大批法律人才，都在竞夺着'地王'的职位。我给你们的建议是，不如让他到英国去留学。我的儿子甘伐郎曾经说过，在那里要做一个律师是极容易的。三年以后他可以毕业回来，一切费用不会超出4000或5000卢比。"约希氏——我们称呼他为敬爱的玛物氏达物（译者按：印度人在每一个人名后加上一个“氏”字，以表示尊敬。在谈话中和在书写时同样应用。例如甘地氏、约希氏等）转过身来问我：“你愿意到英国去呢，还是在此地继续求学？”我对于二者，都不感兴趣。困难的课程，使我丧失了勇气，我当时即提出我有意变更学业，选习医学专业。

我的哥哥不同意我的意见：“这违背我们父亲的意旨。他对于你未来的职业曾作过这样的表态：我们都是信奉‘梵希那华’的人，绝对不能从事解剖尸体的工作，父亲指定你将来要当一名律师。”

约希氏也表示同意，说：“一张医学文凭，不能使你当‘地王’，若有可能，我希望你将来能成为‘地王’，或做一个杰出的人物。这样你可以担负起家庭最重大的责任。时代变化很快，此后的日子，愈来愈难过，你最好能当一名律师，那是上策。”

※摆在甘地面前的两种选择，留下来继续求学或者到英国去。图为如今的英国城市风情

准备到英国去留学

约希氏走了，我便开始构筑起空中楼阁来。我的哥哥是一个务实的人。不知道他将怎样筹集我旅行所需用的款项？他是否可以对我这样的青年表示信任，而让我一个人独自流浪国外？我的母亲是心肠极软的人，她舍不得我和她离别，便说：“伯父现在是我们的族长，应该第一个和他商量。假使他同意，我们再从长计议你出发的事情。”

我去见我伯父并把一切事情告诉了他。他思索了一下，答道：“我想这件事不见得和我们的宗教相吻合。据我所知，我不得不表示疑虑，我见过几个大律师，他们的生活和欧洲人丝毫没有分别，在饮食方面也毫不拘谨，雪茄烟常不离口；穿的服装也和英国人同样的鄙野，这一切都和我们的家族传统不相符合。我马上要参加圣地巡礼，我也没有多少的年岁可活。在我即将入木的当儿，怎么可以准许你远渡重洋到英国去呢？但是我不愿阻你成行，最重要的还是须得到你母亲的许可。假使她答应你，那是你的好运气！告诉她我并不准备干涉，我祝福你万事如意。”

回到喇其谷后，我把一切经过向母亲讲了，她仍有反对的意思，她早已探悉到了许多琐碎的情报。有人告诉她，年轻的男子到英国便会丧失一切道德。还有人说，到了那边，不吃肉饮酒不能生活。她问我：“你对于这几件事有什么感想？”我答道：“敬爱的母亲，你难道不相信我吗？我不说谎。我宣誓决不接触这些东西。假使真有危险，约希氏会让我出去吗？”“我当然相信你，但是你在远方叫我从何查证呢？我现在不能决定，不知怎样才好。让我去和贝夏里氏史华米商量一下吧。”

贝夏里氏史华米是莫特巴尼亚宗教出身（译者按：他和甘地的家庭属于同一个种姓分支），那时已经出家做僧侣了。他和约希氏一样都是我的家庭顾问。他帮了我的大忙！“我可以叫这个青年举行三种誓言，而后才准许他去。”他监督我宣誓，我立下了在英国要保持洁净、不饮酒、不吃肉的三誓言。这样一来，我的母亲便祝福我，准许我远行。

※甘地遗物

从孟买到南安普敦

得到母亲的祝福后，我便开始准备行装，并得知一个名叫汝那伽特的律师将于9月4日搭船到英国去。我去看我哥哥的几个朋友，他们都劝我不要错过和这样一个同伴共同旅行的机会。于是我打电报给哥哥，求他准许我同行。我又找到一个世交，向他借旅费及杂用费，我请他向我的哥哥索偿。那个朋友不但答应帮助我，同时还对我慰勉有加。我的行囊准备得很充实。我的朋友们为我包了一个床位，和汝那伽特律师同一房舱，他们把我介绍给了他。他是一个处世经验很丰富的中年人，而我，只是一个不懂人情世故的16岁青年。9月4日，我们从孟买起航，在月底到了南安普敦（或译作扫桑波敦，伦敦西南的海港，为大西洋航路的重要起点）。在船上，我穿着黑色西装，我的朋友们特地为我做了一套白色的法兰绒衣裤，预备我在登岸时穿的。我们下船是在9月末，我发现只有我一个人穿那样的服饰。当时所有的行李箱甚至钥匙都交给旅行社，因为我注意到许多旅客都是这样办理的，我也就照办了。我觉得一个人穿着白色服装浑身局促不安，到了旅馆，才知道我的行李要等到第二天后才能送到。我在南安普敦打电报给梅笪博士，他当天晚上8点钟即来看我。他很诚挚地欢迎我的来临，但是看到我的白色法兰绒服装时，也不免笑了。在交谈的过程中，我无意中把他的一顶高帽子弄糟了，因为我看见它光滑异常，用手逆势抚摸一下，弄得毛绒都倒竖起来了。这给了我一个很好的教训，这是我见习欧洲礼节的第一课题。

我不时惦念着我的家乡，尤其怀念我的母亲。晚上，我禁不住热泪流淌，想起家里的种种往事，令我不能入眠，这样的苦痛是无法解除的，而且也想不出抵制或减轻的方法。这里的一切，无论是人物、房屋和生活的方式，在我看来仿佛都是不可思议的。我对于英国式的礼仪一无所知，非得样样自己留意学习不可。还有一件不如意的事，那就是关于我的素食誓愿。我所能吃的菜肴，都是淡而无味甚至令人作呕。我陷入进退两难的夹缝中。我在英国不能忍受一切，但是此时想回到印度去，也变为不可能的事了。我既然到了英国，就至少要住上三年。

※甘地著名的纺纱照

知识链接

甘地故事三则

1.老师的暗示

甘地小时候并不聪明，从小学到中学，他的成绩都不是很好。可是他一点儿也不顽皮，是个诚实害羞的孩子。有一天，一位督学到甘地的学校检测学生的英文水平。他让学生们听写了五个英语单词，甘地写对了四个，就是“茶壶”这个词不会拼。正当甘地皱着眉头冥思苦想的时候，老师刚好走到他旁边。老师用脚尖轻轻地碰了一下他的椅脚，暗示他去偷看旁边同学的卷子，可甘地继续低着头想，不愿看别人的答案。

结果，大家都考了满分，只有甘地一个人考了八十分。督学走后，老师把甘地叫到面前，说：“傻孩子，偶尔作弊一次又有什么关系呢？如果你也能拿满分的话，我们就可以受到表扬了。”可甘地坚持认为自己那样做是正确的，抄袭就是不对，倒是老师让他作弊，让他感到非常难过。

2.凑双完好的鞋子

一天，甘地坐火车，不小心把自己穿的一只鞋子掉在铁轨上了。此时，火车已经轰隆隆地启动了，他已不可能下车去捡那只鞋子。旁边的人看到甘地没了一只鞋子，都为他可惜。忽然，甘地弯下身子，把另一只鞋子脱下来，扔出了窗外。身边的一位乘客看到他这个奇怪的举动，就问：“先生，你为什么要这样做呢？”甘地笑了笑，慈祥地说：“这样的话，捡到鞋子的穷人，就有一双完好的鞋子穿了。”

3.非暴力的课程

15岁时，甘地偷了哥哥手镯上的一小块金子，良心受到谴责。由于不敢当面认错，他写了一封悔过信交给父亲。他原以为会受到重罚，没想到病榻上的父亲读后泪流满面，竟原谅了他，甘地感动得哭了。这是甘地人生中第一堂“非暴力”课。他认为，父亲信任与慈爱的力量远远胜过责骂和棒打。后来他在自传中写道：“这些爱的眼泪洗涤了我的心灵，抹拭了我的罪污。只有亲自经历这种爱的人，才能认识它的价值……”

涉猎印度教经典

在我留英第二年的年底，我遇见了两个通神论者。他们是兄弟，且都未婚，他们同我讨论《季达经》。他们读过爱狄文安诺德爵士翻译的《天上歌》，他们邀请我和他们同读原文。我有些胆小，因为我从没有读过用梵文或用古雅辣蒂文写的《天上歌》。我便告诉他们我对于《季达经》毫无所知，不过我也说明我乐于研究这本经典，虽然我的译文根基很浅，可是我希望能指出译文中与原文不相符合的地方。于是我就开始与他们共同研究《季达经》了。在第二章中，有几句经言，给我留下了极深刻的印象：

凡人放任纵欲者，必感受绝大的骚扰，随此骚扰而生剧烈之兴奋，由兴奋而生愤怒，由怒而狂，由狂而失记忆，由失记忆而失理智，失去理智而终于失落一切。

这一本经书在我看来是具有无上价值的作品，《季达经》中的真谛渐渐地在我心头滋长起来，故我把它当作认识真理的一部至上宝典。在我悲苦的时候，它成为我莫大的支援者。我后来查阅所有英文译本，我认为安诺德译得最好，他译得最忠实而且不像是译文。我虽然和那两个朋友同读《季达经》，但我不能说对它已经研究透彻。若干年以后，我才把它视为我的日常读物。这两个年轻朋友还为我推荐爱狄文

名人名言

地球所提供的足以满足每个人的需要，但不足以填满每个人的欲望。

——甘地

安诺德爵士的《亚细亚的光明》，我觉得这本著作似乎比《季达经》更有趣，当我一开始阅读，就无法停止。（译者按：据1941年9月17日日本同盟社通讯称，甘地于7月26日在《对日公开书》开端曾作此语："余在五十余年前，约18岁时，攻读伦敦，其时阅读安诺德之作品颇多，文中大半介绍日本情形，是以学得日本民族之无数超人长处。"）他们也邀请我到白拉槐资基俱乐部去，并将我介绍给白拉槐资基夫人与蓓桑夫人。蓓桑夫人当时新近加入了"通神学者会"，我和她便常因讨论各种问题而发生争辩。我的朋友们都劝我加入"通神学者会"，但是我加以婉辞道："我对于自身奉行的宗教也只有很肤浅的知识，我不愿参加任何一种宗教的支派。"我记得我读过白拉槐资基夫人著的《通神学启蒙》，我即有志诵读关于研究印度教的著作，以便能打破一般传教士所宣传的关于印度教全是迷信的理论。

※18岁时甘地曾在伦敦求学。图为伦敦今貌

读《新约全书》有感

在同一个时期，我在孟却斯得的一家吃蔬食的家庭宿舍中，遇见了一个很善良的基督徒，他常和我谈论基督教义。我把在喇其谷的往事讲给他听，他显出很难过的神情说：“我是一个蔬食主义者，我并不饮酒。不错，有很多的基督徒既吃肉又饮酒；但是《圣经》上并未规定肉食或饮酒的制度。请你查阅《圣经》便知分晓。”我接受他的意见，买了一本有插图及备忘录的《圣经》。我开始浏览，但是无法卒读《旧约全书》。我读完了《创世纪》，但是后面几章使我昏昏欲睡，可是我仍旧勉强读下去，虽然很努力却觉得茫然无头绪，我最厌恶的是《民数记》。

而读《新约全书》却使我产生了一种异样的感受，尤其是《登山宝训》，使我深受感动。我曾拿《季达经》来互作对照。其中有这样的语段：“我告诉你们不要反抗那个虐待你们的人，相反地，若有人打你的右脸，把左脸呈给他；若有人欲控诉你，想拿你的袍子，把你的外套都放弃了吧。”我看了为之狂喜，而

知识链接

《新约全书》

《新约全书》是基督教本身的经典，包括记载耶稣言行的《福音书》、叙述早期教会情况的《使徒行传》、使徒们的“书信”和《启示录》。基督教的圣经由《旧约全书》和《新约全书》两部分所构成，而其《旧约全书》与《希伯来圣经》内容大致相同，不过天主教版本就多了数篇《塔纳赫》跟基督教新教《旧约全书》都没有的数篇经卷。《新约全书》记载了耶稣基督和其门徒的言行与早期基督教的事件纪录。

不禁联想到夏玛白德的诗句“以盛馔答人布施一杯水”。我那未成熟的理念尝试把《季达经》《亚细亚的光明》及《登山宝训》三种训诫混杂在一起。宗教的最高方式莫过于舍弃的意念，它实在给我很大的引诱。

《新约全书》促进了我的读书欲，使我接着诵读其他宗教教主的传记。一个朋友向我推荐贾利尔的《英雄崇拜》。（译者按：贾利尔又译作喀来尔，是英国著名史学家，1795年生，1881年卒。著有《席勒尔传》《法国革命》《腓特烈大帝史传》等。他的《英雄与英雄崇拜》有中文译本）我读了《英雄犹如预言家》一章后，即认识了伊斯兰预言家的伟大、果敢与英武的生活。

在这个时期，我为了准备考试，没有多余的时间研究宗教，但是，我立志将来要多读其他宗教的书籍，并研究各种主要宗教的教义。

※为了国家的独立，甘地的足迹遍布全国各地

对于无神论的反感

每个印度人都知道勃莱道的名字和他的无神论。我读过这一类的书籍，不过书名都忘记了。它们对于我并不陌生，因为我早已经历过无神主义的大沙漠了。蓓桑夫人见解明了，她从无神论者转变为了有神论者。因此，她鼓励我唾弃无神主义。我曾经看过她的《我怎样变成通神论者》。

就在这个时候，勃莱道去世，他被葬在白鲁克坞公墓。我和侨居在伦敦的所有印度人都去执绋送丧。有几个牧师也在送丧的行列中。在举行葬礼后的归途中，我们在一个小车站等候火车。在人群中有一个无神派的信徒问一个牧师道：“先生，你相信上帝的存在吗？”“我相信的。”牧师低声回答。

“你也相信地球的圆周共有二万八千英里？”那一个无神论的信徒露出矜夸的笑容问道，“请你告诉我上帝有多少高度，他在什么地方？”

“我们只知道一件事，他住在我们每一个人的心里。”

“请不要把我们当作孩子看待。”

那个信徒向我们投来一个胜利的瞥视，牧师则保持谦让的沉默。这一段对话，更使我对无神论者起了反感。

就在这个当儿，那剌杨韩香特剌到英国来了。

我知道他是一个著作家，曾在马宁小姐家里的印度国民协会中遇见过他。每次在她家里，我往往静坐一隅，没有人和我谈话，我也从不开口。马宁小姐向我介绍那剌杨韩香特剌。他不懂英文，服装很奇特，一条厚长裤，一袭栗色外套，污秽又褴褛，照柏尔西人的服式，既无领又无结，戴一顶羊毛小圆顶帽，留着长须。他身材短小，体格孱弱，圆脸上的腮处有小麻斑，鼻子不尖也不平，这样古怪的一个人物，穿着这样奇特的服装在路上行走时，怎能不引起人们的注目？我们每天会面，我们两人在思想和行动上也有不少相似的地方：我们都是素食者，因此常常共同进餐。我每周花费17个先令买菜自己烹饪。有时我到他的寓所去，有时他到我的房里来。我的烹饪是照英国的方法，那剌杨韩香特剌只喜欢印度式的风味。我曾煮过芦参汤，他嘲笑我的口味。有一天，他用椒盐炒了许多扁豆带给我吃，我觉得极为甘美。就这样我们互相交流烹调方法，我把我的菜肴送给他，而他把他的带来给我。

※甘地故居内的甘地像

访问马宁大主教

马宁大主教的名字是人们耳熟能详的。码头罢工的人们都靠着约翰朋与马宁大主教的努力而告复工。我把狄司刺爱里献呈礼物时发现大主教过着简易质朴生活的事情，讲给那刺杨韩香特刺听。他说：“我愿意去见这位贤明的人。”“这是一个名人，你怎样才能和他见面？”

“请你以我的名义写一封信给他，我是一个著作家，我要以个人的名义祝贺他在人道主义立场上的事业，请你当我的翻译，因为我不懂英文。”

我按照这个意思写了一封信，过了两三天后，我们收到马宁大主教约我们会见的便条。我穿着拜客的常服，那刺杨韩香特刺按照他平常的打扮，穿了一件外套和长袍，我想愚弄他，但是他反唇相讥道：“你们这一辈自以为文明的人，都是卑怯之徒。伟大的人物从不以貌取人，他们只探索人们的内心。”

我们走入主教的寓所。我们刚刚坐定，一个年老、体格高长而又瘦弱的人进来和我们握手。那刺杨韩香特刺向他致敬道：“我不愿意浪费你的时间，我听见许多人谈论你，特地来感谢你对于罢工工人们所做的善举。我有一个习惯是喜爱访问世界贤明的人物，所以我来打扰你。”

大主教回答道：“承蒙你们光临，我觉得很荣幸。我希望你们在伦敦的一切都能如意，而且能和本地人多交流。愿主上保佑你们！”他说到这里，站起身来，便和我们告别了。

一天，那剌杨韩香特剌只穿了一件衬衫，并用一幅长布袱裹在身上来看我，这种装束在印度很常见。我的房东太太开门后，急忙来找我，满面惊怕的神情：“有一个癫狂的人来找你。”我走到门口一看，原来是那剌杨韩香特剌穿了印度的布袱，我也吃了一惊，可是他微笑着满不在乎的样子。“路上的孩子们不和你打趣吗？”

“正是如此。他们都跟在我的后面窜跑，但是我并不理睬他们，他们就安静离去了。”

那剌杨韩香特剌在伦敦住了几个月后，就到巴黎去了。他开始学习法文，并从事法文书籍翻译工作。我也懂得一些法文，所以他把译文寄给我看，我觉得那不是译文，简直可以说是一种新的创作。

他终于实现了旅行美国的计划。他费了一番努力，才弄到一张甲板票。当他抵达美国时，却以穿着“猥服”的罪名而被拘押起来，因为他老是在大庭广众之下穿那一套布袱的印度长衣。我记得他不久便恢复了自由。

纪念馆内的雕塑真实地反映了甘地生前的故事

研究印度的历史

在英国，获得辩护士的席位是相当容易的，可是，要执行律务却很困难。我只学习了法律的理论，不知道它在诉讼中的实际运用。我曾经很有兴味地研究过法律与法典，但是我不知道怎样运用于实践。

我在研究法学时，曾产生过许多疑问。我把我的苦闷告诉我的朋友，其中有一个朋友同我去征求达白谈诺罗的意见。虽然我有一封在印度时别人替我写的介绍信，但我明白自己是没有资格去打扰像他那样有名望的人物的。每一次我知道他举行演讲时，总是去参听，我坐在会场的一角，听得悠然神往。他为了增加和学生们接触的机会，设立了一个集会，我也参加这个集会以便亲受他的教诲，他很诚挚地与敬仰他的学生们交谈。过了若干时期，我鼓起勇气把介绍信寄给他。他答道："你可以向我随便提问题。"但是我并没有利用过这种机缘。我还记得好像是同一个朋友介绍我去看弗烈得潘克脱。他是一个保守派的人物，但是却非常爱护印度的学生。许多印度学生们常去请教他，我也请求和他会见，他接受了。我终生不会忘记这一次的访问。他像一个朋友一样招待我，且嘲笑我的悲观主义道："你应该深信，做律师没有其他更重要的条件，只要诚实和勤勉，你就可以养活你自己。其他的一切事由并不是完全错综复杂的。请你把你所有知道的告诉我。”

我把我研究所得的一些浅薄知识抖搂出来，他起初有一些惊愕。但是不久，他面带微笑说道：“我明白你苦闷的原因了。你的常识还不够，你对于人情世故一点都不知道，即便是你自己本国的历史也知之甚少。一个律师应该研究人类的性格，每一个印度人应该知道印度的历史，那好像和法律的实践没有什么关系，但是你应该在这一方面多研究。我想你连凯与马莱松的《叛乱史》都没有读过，最好还要读一两本讨论人类性格的书籍。”

我非常感谢这位可敬的朋友所给我的指点，这些意见虽不对我立刻产生效果，但是他的慈爱温暖着我的心，他的笑容留存在我的记忆中。我明白成功的主要条件并不在于灵巧，而只需要诚实及勤勉。当我理解这个真谛后，我便觉得安心起来了。我得通过考试，而我的英国留学生活也宣告结束了。

※甘地陵园

获悉母亲去世噩耗

现在到了离开英国的时候，我在六月搭乘桑亚号归航。我们航行到阿拉伯海面时信风已经刮起来了，经过亚丁时又遇到恶劣的天气，中途并不停航，一直驶达孟买。差不多船上所有的旅客都晕船，我却安然无恙，仍可留在甲板上欣赏那些骤雨狂浪。自从许多旅客感到痛苦后，只有两三个人进餐，大家都把放麦糊的盆子牢牢地放在膝头以免溢流出来。

外面的暴风雨正是我内心暴风雨的一种象征。但是，前者既无法摇撼我，后者更使我处之泰然。宗族中已经酝酿着一场暴风雨，等我归家时，立刻要爆发。同时我亦盘算着怎样毫无经验地去执行未来的律师事务。可是，我既然曾以革新家自命，便常常自问该如何获得革新的方法。哪里知道后来还有更多的事情发生，那都是当时所意料不到的。

我的哥哥从喀蒂亚赶到码头来迎接我。他早已认识梅笪博士和他的兄弟，梅笪博士的兄弟坚持要我们到他家中逗留几天。我们两家的友谊从英国开始缔结，现在重在印度继续，后来一直维持了很长时间。

旅途中，我老是惦念着我的母亲。我还不知道她已经不在人世。当我获悉这一悲痛的噩耗后，即遵照习俗举行沐浴。我的母亲是在我留学英国的期

名人名言

生由死而来。麦子为了萌芽，它的种子必须要死了才行。

——甘地

间突然去世的，我的哥哥不愿我在异国他乡受到这个意外的打击，所以保密不使我知晓。但是这一次知道了事实真相，我的悲哀并不因此而稍减。总之，我这次的悲痛和我的父亲死时同样地深刻。我毕生最美好的期望现在都已粉碎。我不能复忆当初是怎样表示我深沉的苦痛，不过，我那时很镇静，抑制眼泪，咬紧牙根准备接受生活的锻炼，就像没有发生过任何变故一样。

知识链接

亚丁湾

亚丁湾以也门的海港亚丁为名，是指位于也门和索马里之间的一片阿拉伯海水域，它通过曼德海峡与北方的红海相连。就如苏伊士运河般，亚丁湾是船只快捷往来地中海和印度洋的必经站，又是波斯湾石油输往欧洲和北美洲的重要水路。

※阿拉伯海与海中岛屿

婆罗门出身的厨师

关于食物需要加以改良，是毫无异议的，在我家里已经备就了茶和咖啡。我的哥哥从我回家以后，便创设了一种英国的气氛。我们现在都使用意大利出品的陶瓷和以前仅在喜庆日使用的器皿。我的“革新”运动影响到设备革新的方面。我还教家人麦糊的吃法，并以可可替代茶和咖啡。我已经穿着皮鞋和袜子。我还穿西装，全部生活都实行欧化了。

※甘地与小朋友

每天置办新的必需物件，于是开支日增无减。我们竟然在门口豢缚了一头白象。但是，这样的浩大开支将怎样维持下去呢？想在喇其谷开展业务是一件愚蠢的事。因为我只勉强具有一个印度本地讼师的学识，而我却希望获得十倍的律务公费。当然没有一个当事人会来委托我办理案件，即使有人来找我，也会因为我爱摆阔架子再加上浅陋的学识，而叫我凭空添加一笔债务来。

朋友们劝我到孟买去住若干时期，以便见习高等法院的诉讼程序、研究印度的法律，同时可以探讨辩护的常识。我接受这个意见后便束装就道。在孟买我雇用了一个和我同样没有资格的厨师，他名叫剌维香卡，是一个婆罗门出身的人物。我并不把他当成仆役看待，而将他视为家人一样。他把水倒在身上，但从不洗澡，他披穿的布衲污秽不堪，他对于印度教的圣书毫无所知。但是除了他以外我不知道哪里可以物色一个较好的厨师。

有一天，我问他："剌维香卡，你对于烹调或许是一个外行，但是你至少得知道日常礼拜的仪式吧？"

"礼拜吗？我们的礼拜是犁具，锄头是我们的日常功课。这就是我所有婆罗门的本色。（译者按：婆罗门原为知识阶级，农民则属于吠舍阶级）我只能寄食在你门下，否则我便要归田作农夫去了。"

我这样还像是剌维香卡的主人吗？他的懒惰加重了我的工作。我开始担任烹调一半的琐务，我也尝试仿照英国方法烹制蔬菜。我买了一只炉灶，亲自指挥，叫剌维香卡做助手。我个人认为，和剌维香卡共同进食并没有什么不自然的地方，日子久了，他也渐渐习惯，毫无拘束地实行共食的制度。我们就这样愉快地过着同居的生活。不过有一件麻烦的事情：剌维香卡曾经宣誓终身不洗澡，他坚决拒绝洗涤盆盏。

在孟买，我无法居住四五个月以上，因为我只有消费支出而无分文的收入。我对在孟买开展业务已经完全绝望了，于是就离开孟买而重返喇其谷，成立了一个律师事务所，业务还算不错。每月靠撰写诉状获得收入，平均约有三百卢比。我的业务多半都是我哥哥介绍而来的，因为他有固定的主顾。他把所有重要的案件拿去委托著名的律师，而把贫苦当事人签订贸易契约的事件让我承办。

气焰万丈的英吏

在那个时期，我对于禁止拨给佣金的制度做出了让步。我知道律费佣金的支配在各地都不同。在孟买，佣金是应给承揽人的，至于在喇其谷则应该付给介绍案件的讼师。两地的律师都抽出律费的若干成作为佣金。我的哥哥曾提出这样的一种意见："你可知道，我是和另一个讼师合伙的，我常设法要把对你有益的一切事件交给你承办，但是若你拒绝拨付佣金给我的合伙人，我一定会遇到不少麻烦。因为我们二人共同合组一个事务所，你的佣金收入都存入我们的账项上，我会自动结出我的部分账目，但是我的合伙人对于此情形却不明了，他的立场是不同的。假使他把同样的案件交由别的律师承办，他一定可以获得一笔佣金。"我被这个异议说服了，而且我明白，若我要开展律师业务，就不能采用我的佣金支配原则。

在此期间，我受到了有生以来一个重大打击。我并不是不知道英国的官吏是怎样的一种人物，可是在这之前，从没有和英国官吏直接会面的机会。我哥哥曾经做过坡班达尔已故"剌那"的顾问兼秘书，在当年是显赫一时的，他现在被人控诉，告发他在任期内，曾提供过虚假情报。这件案卷已经送到政治公署里。我在英国留学时，曾认识该公署里的现任长官。我哥哥想起我和他有过交情，便要求我替他说情。他说，或者可以挽救这件事。

我却不同意这个建议。因为我知道若在英国，利用这种无意义的会面是被视为不正当的。假使我的哥哥果真有过错，我的事先会面有什么效果呢？若他是无辜，他可以按照规则递呈辩状弄个水落石出，是非自然可以大白于天下了。但是哥哥并不赞同。他说：“你不知道喀蒂亚华地方的情形。你还得学习人情世故。这里只讲权势。你是我弟弟，你不能回避你的责任，你向你所认识的一个官吏替我说一句有利的话，这不是轻而易举的事吗？若推诿，未免太对不起我了。”

我无法拒绝，只好硬着头皮去和那个长官联系。我知道我没有和他会面的资格，并知道这件事情容易弄僵，且有违我的良心。但是我尝试申请，终于获得了谒见他的许可。

甘地纪念馆内景

英国大人的气度

我和那个长官叙旧谊，但是，很快发觉在喀蒂亚华和在英国完全不同，而且一个长官的神气，在休假期中又和供职时迥然不同。他虽招待我，但提起往事好像有一股寒气笼罩在他的脸上，他用强硬的口气说："你到这里来一定不会利用这种关系吧？"当我把我的来由告诉了他后，他不耐烦地答道："你哥哥是一个阴谋家，我不愿再听下去了。我没有空，假使你的哥哥有所辩白，他依照规例提出申辩更好。"这样的答复或许是合理的。但是自私主义是盲目的，我仍旧继续我的叙述。他突然站起来，声色俱厉地说道："出去！"我说："请听我讲下去。"这反而激怒了他。他召唤仆人来，命他领我到门口。仆人进来时，我还表示出犹豫的样子，他抓住我的肩膀，把我拖出了屋子。

我立刻写了一张字条叫人送给他："你侮辱我，而且叫仆人袭击我。假使你不向我道歉，我将依法控诉你。"

传令勤务很快把回信送给我。内容写道："你对我粗野无礼，我要求你出去，而你不肯听。我没有别的法子，只好叫我的仆人领你到门口。他先请你离开办公室，你没有照做。他只能强迫你出去。你可以控诉我，这是你的自由。"

拿了回信我踉跄着回到家里，把一切经过情形讲给哥哥听。他很难过，不知道怎样安慰我。他去和一个讼师商量，因为我不知道控诉一个“英国大人”的程序。恰巧梅笪博士为了一件讼事从孟买到喇其谷来。但是，像我这样一个年轻的律师怎敢冒昧去见他呢？我就托一个讼师传递给他关于我的事情的书面报告，征求他的指示。他答道：“告诉甘地，这是司空见惯的常事。因为他才从英国回来，所以浑身充满蓬勃的朝气。他并不认识英国的官吏们，假使他要过愉快的日子且要在这里游玩的话，还是劝他扯碎了这一封信，忘了侮辱吧！否则他或许要吃更大的亏呢！告诉他还要多多学习做人之道。”

这一个忠告比吃毒药还要苦，但是我只好吞咽下去。我唾面自干忍受了那一次的侮辱，但是我也得到了一个教训。我对自己说：“从此以后，我永不再做那样的傻事，我也永不再做那样的求情了。”我真的不再重蹈覆辙，这一件事改变了我的生命历程。

我去看那个政治长官，当然是我的错误。但是他的愤怒和咆哮，确实超越了我的误会成分。无论如何我是不应该受他的驱逐。事实上，我在公署里逗留没有超过五分钟，他已不耐烦听我说话了。他理应有礼貌地要求我走开。但是权力助长了他错乱的狂妄，到了后来，我才知道他并没有忍耐的品性。

※甘地纪念馆门口

几个勇敢的姐妹

一向漠视我们的斐洛善夏·梅笪爵士曾在1901年竭力劝我不要到南非去。因为他认为印度在没有取得自身的独立以前，对其侨居海外的印度移民更是一筹莫展。他对第一次的“真理把持”示威运动并不感动，但是，妇女们因示威运动入狱的事件，却对他产生了相当大的影响，他在孟买市政厅发表演说时，对妇女们在牢狱中受到蹂躏的情形表达了无限的愤慨。

妇女们的勇气是难以形容的。她们都被禁锢在马利资堡的牢狱，且被强迫做苦工。她们吃的

※海边的甘地纪念亭与甘地像

图说名人

名人名言

要活就要像明天你就会死去一般活着。要学习就要像你会永远活着一般学习。

——甘地

是最恶劣不堪的粮食，绝对禁止外面送食物，这种情形一直维持到她们的监禁终了为止。她们中有一个女子，平日是持守斋戒的，好不容易经过许多的困难，才使牢狱的管理员准许她吃特别指定的食物，但是她吃到的都是污秽、难以下咽的食物，在她恢复自由后，因此变得骨瘦如柴，我们耗费了大笔的金钱才把她的生命挽救过来；另有一个姐妹从牢狱里释放出来后，便害了一场很大的伤寒症，不到几天便殒命了。

在南非叫我永远不会遗忘的是华丽亚玛！她是约翰内斯堡的一个年仅16岁的少女，当我看见她时，她已卧病不起。她的身材，原来是很苗条的，病倒后，她那憔悴的样子实在令人不忍卒视。

我慰问她道："华丽亚玛，你在牢狱中，懊悔吗？"

"懊悔？没有的事。若是现在有人捉我，我还准备去。"

"但是你不怕牺牲你的生命吗？"

"这不相干，哪一个人不愿为了他的祖国而死呢？"

过了若干天后，华丽亚玛离开了我们，但是她留给我们的是她不朽的名字！为了纪念这位印度少女崇高的牺牲精神，我们决定建造一座"华丽亚玛屋宇"，可惜因为种种原因，这个计划始终无法实现。屋宇虽然没有造成，可是华丽亚玛的精神却永久留在我们的记忆中，她已亲手建筑了一座无形的寺院，只要印度存在世界上，华丽亚玛的名字就永留在南非"真理把持"运动的历史上。

知识链接

斋 戒

斋戒有多种来源。在中国，斋戒主要用于祭祀、行大礼等严肃庄重的场合，以示虔诚庄敬。斋戒包含了斋和戒两个方面。"斋"来源于"齐"，主要是"整齐"，如沐浴更衣，不饮酒，不吃荤。戒主要是指戒游乐，比如不与妻妾同寝，减少娱乐活动。后以此指称相似的宗教礼仪。在佛教中，清除心的不净叫作"斋"，禁止身的过非叫作"戒"，斋戒就是守戒以杜绝一切嗜欲的意思。斋戒在《古兰经》中的阿拉伯用语是"扫姆"，原意是坚忍和克制。穆斯林所遵循的伊斯兰斋戒制度，从日出前开始直到日落后，停止饮食，并且克制情欲，进入全身心的静修状态。

真理把持的要领

这些姐妹都怀抱崇高的牺牲精神而毫无功利主义的观念，她们不懂法律的细节，有许多人甚至不知道什么叫作国家，她们的爱国热诚只是以信念为根基。有一部分姐妹目不识丁，不会阅读报纸，但是她们了解一种重大的侮辱是损害印度人的荣誉，她们的入狱是从心坎里发出来的一种处于绝境的呼吁，这真是一种最纯洁的牺牲。像这样一种

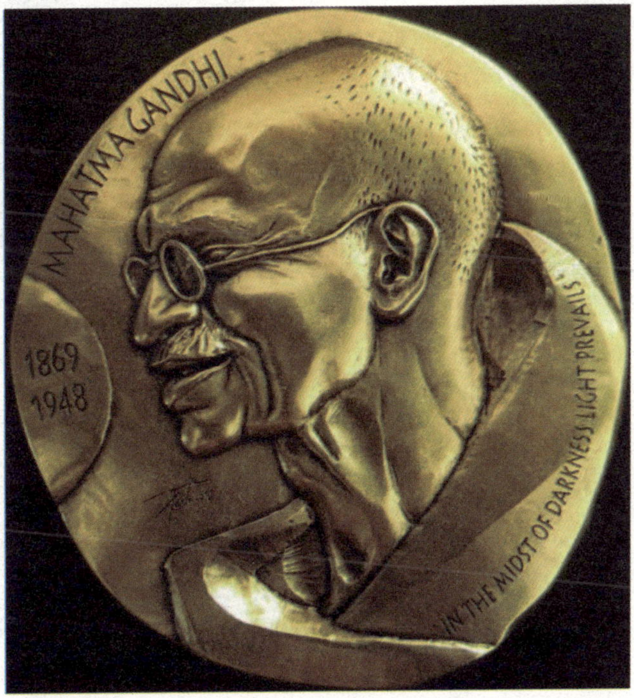

※甘地纪念铜章

心灵的祈祷，常会蒙神明的垂听，纯洁的牺牲可以收到效益，神明渴求人类的热诚，神明曾经接受一个寡妇出于至诚的一文钱，并赏给她百倍的报酬。贫困的苏达玛曾以她仅有的三把米献给神明，这一个轻微的献仪竟使她多年没有发生饥馑的恐慌。在被捕入狱的姐妹中间，有许多人没有沾蒙利益，但是只要有一个牺牲的心灵是纯洁的，这样的祭献绝不会是虚掷的。至少我们知道华丽亚玛与其他姐妹们的牺牲都曾结了果实，遗留给我们。

无数的灵魂在过去、现在及未来，都从事发扬至诚的牺牲精神，服务国家、服务人道，谁都不知道哪一个人的牺牲是最纯洁的。可是在这一群人中间一定存在有“沙蒂雅格剌哈”（真理把持者）的份子，只要有一个人的心灵能清明如水晶，这一个人的牺牲便可得到期待的结果。世界是奠定在“沙蒂雅”（真理）之上的。“亚沙蒂雅”（非真理）也作“非存在”解释，而“沙蒂雅”（真理）则具有“存在”的意义。若使非真理不存在的话，它的胜利自然不成问题；若真理存在，那么它绝不会毁灭。这两句话便指示出“沙蒂雅格剌哈”（真理把持者）运动的理论要领。

※图为印度德里的甘地塑像

罢工者的苦衷

妇女们的入狱事件对于纽喀斯德附近的矿工们来说，产生了一种强大的效力，他们放下手中的工具，结成队伍先后进入城里。我一接到消息，便立刻离开菲尼克斯而到纽喀斯德去。这些工人们没有自己的房屋。矿工的业主们曾为他们盖屋子，装设路灯并供给饮水，他们过的完全是一种绝对的依赖生活。正如杜西达所说的：“一个做奴隶的即使在家中也不能期待幸福。”

罢工的工人们告诉我许多被迫害的苦情。有人声称矿工的业主们已经停止供给水电，有人则报告罢工者的器物已被抛掷到屋子外面。有一个叫帅雅帅伊孛剌希的百当人，把他的背给我看，并对我说：“看，他们怎样严酷笞打我。我为了你的缘故而让那些强徒笞打，因为那是服从你的命令。我是一个百当人，百当地方的人民，从来只有打人而绝不轻易忍受笞打。”

我答道：“兄弟，你做得好。若是我们都像你那样勇敢，我们一定可以获得胜利。”

我一方面向他道贺，一方面却自己暗想，若其他人也受到和这个百当人同样的虐待，那么罢工恐怕难以继续维持下去。不论这些苦情是否真实，罢工者在这种处境下，是难以抵抗的，我一定要找寻一个出路，否则只能自认失败，而叫他们立刻复工。于是我建议，最好叫工人们放弃他们主人所供给的住所，而过着游方化缘式的生活。

良莠不齐的罢工工人们并不仅是几十个人，而是好几百人，其数额很容易增为几千。我怎样解决这批逐渐增多的群众的住宿和粮食问题呢？我不愿意向印度请求金钱上的援助。日后从祖国流向外地的那一道金河，尚未开始流通，而印度的商人们个个怕死，没有一个敢公开支持我，因为他们都和矿主及其他欧洲人有商务往来。以前我每次到纽喀斯德，往往在他们那里下榻。这一次，我不愿使他们为难，我决定投宿到其他地方。

我没有收容那些罢工者的方法。他们都露宿在外，以天空当作屋顶，幸而天气晴朗，既不寒冷也不下雨。可是我确信商人们会接济我们食粮，纽喀斯德的商人们供给我们许多袋的米与饭锅，其他的人给我们米、豆、香料与蔬菜等。这些馈赠，都出乎我们的意料，并不是每一个印度人都准备入狱，可是他们和我们具有同一的心志，而且各尽所能，愿意对运动有所贡献；凡是没有东西可以贡献的，则表示愿意充任义务的合作人员，许多有名望的知识人士也应征前来，照顾这些才学不高的工人。他们给我们莫大的援助，其中也有许多人遭到逮捕。总之，每个人都各尽所能以谋取我们事业的顺利进展。

加入新联盟的人数不断地扩大，要把这大批没有工作的群众集中在一个地方加以守护，不但不可能而且是危险的事。大部分工人既不知道卫生方面的法律，且品行良莠不齐，有一些人曾经犯过杀人、偷窃或风化罪。但是我不信我有裁判这些人道德的权力，要在这个队伍里，由我来试行一种甄别的工作，是一件愚笨的事。我的责任在于领导罢工，因此，我应该监视这个阵营中的人现在是否遵守有关道德规章，而不去审查每一个罢工者过去的行为。

甘地与追随者在谈论工作

步行四十五千米

我找到了解决问题的方法。我应该领导这支“军队”到脱兰斯瓦尔去，并设法使他们入狱，像菲尼克斯的集团一样得到安全的保障。脱兰斯瓦尔的边境距离纽喀斯德大约有45千米。在脱兰斯瓦尔与纳塔耳的交界处有两个村庄，一个叫却尔斯登，一个叫华克斯路斯德。我们决定一路步行而去，我曾和那些有妻儿的工人商量，有几个人不敢接受我的建议，但是我表明没有其他的方法可想，我宣称每个反对者都可以自由回到矿场去，但是没有一个人遵行这个准许。我们决定，除了腿脚不便的人可以乘火车去，其余健全的人们都步行到却尔斯登去，一共须走两天的路程。大家都以为这一次出发是值得庆幸的事。在纽喀斯德的欧洲人都预料将有疫病发生，而急于找出种种必要的预防办法。

※介绍甘地少年生活状态的雕塑

我去看德尔班的矿主们，我发现他们对于罢工的事件略表不安，但是我并不希望这一次的会晤会获得重大结果。可是，“真理把持者”的谦卑态度是无限的，他不愿错过任何一次调停的机会，即使别人把他当作胆怯者看待，也满不在乎。一个人只要具有信仰，自然会生出一种力量，不怕受到他人的轻视，他依赖自己的内在力量。因此，他待人接物总是和蔼可亲，他设法将公众舆论转向对他有利的地方。所以我接受了矿主们的邀约，当我在他们面前出现时，我发现周围的空气很紧张，且充满热烈的情绪。代表者不向我说明事实情况，而用审讯的口气向我提出质问，我用了适当的话回复他。

和矿主们的谈判中我说道：“你们可以使罢工事件停止。”对方答道：“我们又不是公务人员。”

“可是你们可以大有作为。你们可以和工人们站在同一个立场上，请求政府废除3英镑的人头税，我不相信政府会拒绝你们的要求。你们还可以制造欧洲人对这件事情的舆论呀。”

“但是，罢工事件和3英镑的人头税究竟有什么关系呢？如果工人们有什么苦衷要和矿主们谈判，你不妨和他们联络一下，以便谋取公正的圆满解决。”

“工人们除了罢工以外，手里并没有其他的武器。3英镑的人头税是为了矿主们的利益而创设的，矿主们希望矿工为他们工作，却不愿意把他们当作自由的雇工看待。因此，若工人们罢工的目的，只是为了废除3英镑的人头税，我不认为对于矿主们来说，不公正或不正当。”

现在我已记不得当时晤谈的全部内容，但我发觉矿主们已认识到他们的弱点，因为他们早已和政府取得联络。

而后我便回到纽喀斯德，工人们还是不断地从各处涌来加入我们的队伍。我把全部的事情向“军队”解说清楚，而且郑重声明，如有人愿意复工，可以自由行动。我也把矿主代表所说的威胁话告诉大家，并报告将来可能遭遇的种种危机，并描述牢狱中的苦况，他们并未表示一点懦弱。他们都答称毫不恐惧，叫我不要不放心他们，因为他们是惯于受那种待遇的。

我们只有徒步前进一种办法了。工人们当晚接到要在第二天清晨（1913年10月28日）步行的通知，同时有人诵读在行程中所应该遵守的章程。要监察这一五千人的队伍不是一件容易的事。在路上，给每一个“士兵”一磅面包和30格兰姆糖作为每日食粮外，无法再弄到补充的食物。我曾经打算设法和印度的商人商量获得一些其他的东西，若我不能成功，也只好叫大众以面包和糖果果腹了。

罢工者的出发及驻扎

在我到德尔班的来回旅途中，我发现罢工事件和罢工者的温和态度，已对车长及其他职员产生良好的影响。依照我平日的习惯，我搭乘三等车，可是在这三等车厢中，车长和职员都环绕着我，探问消息而且祝我获得成功。这些车务职员们看见许多可怜、没有知识而又不识字的工人们表现出那样出色的坚韧精神后，都表示惊奇。工人们留给人们的是那份勇气和沉着的印象。

我将从部耳战争及祖鲁人的叛逆中获得的经验，应用到今日的情境。我表示任何人不得多带

※正是像甘地这类伟大人物的积极争取，才最终实现民族的独立富强。图为如今繁华的印度

行装衣服，谁都不准在路上等待他人接济物品，所有的人都应该忍受困苦，甚至要忍受欧洲“官吏”或其他人员的侮辱及笞打，甚至要束手待捕。我把以上的条件都明白地讲给众人听，同时我还宣布，若我第一个遭逮捕，接着取代我位子的人，要继续领导“军队”。

大家都服从这些训话，我们的部队毫无阻碍地开拔到了却尔斯登，那里的商人帮了我们很大的忙。他们把房子让给我们住，并准许我们在寺院的园地上煮饭。等我们扎营的时候，我们需要的饭锅、粮食，常由好心的商人们供给。我们预备好了大量的米，商人们又慷慨地捐助了一部分。

却尔斯登是一个差不多有1000人口的小村落。只有女人和儿童住在房屋里，其余人则都扎营露宿。

在德尔班有一个女士叫斐法德玛·梅笪，听说笪摩尔的姐妹们被捕囚禁在纽喀斯德的牢狱里，她自愿陪同她的母亲哈尼法斐和她7岁的儿子到华克斯路斯德去预备被逮捕。母女两人果然都遭逮捕，但是政府却拒绝把孩子收在牢狱里，人们把斐法德玛领到特别间里去打手印，但是她拒绝服从这种侮辱。最后，她和她的母亲都被判处监禁3个月。

那时候矿工们的罢工进展得非常良好。男人们和女人们都向却尔斯登和矿区前进。其中有两个妇女抱着婴儿同行。其中一个婴孩患了脑出血症，死在途中；另一个婴孩，则在她母亲渡河时，失足溺死。可是这两位母亲都很勇敢且毫不灰心地继续赶路，其中一个宣称：“我们不应该哭泣死去的亲人，因为他们不会再活过来。我们应该为活着的人们而努力。”在卑贱的人群中，我不时看到这种榜样：平静的英武、深刻的信念和珍贵的智慧。

却尔斯登的男人们和女人们都发挥出这种坚忍的精神以维持他们困苦的岗位。因为我们到这个村落来，并不负有什么和平的使命，若有人欲觅取和平，那只有在自己本身去找寻。在外面，到处可以看到“这里没有和平”的标语。可是，正是在这一种纷乱的环境里，虔诚的米拉蓓苏格拉底在他那黑暗而孤独的监房里，临终前向他的朋友和我们传授他神秘的学说：“凡是要寻求和平的人，只有在他自身可以获得。”真理把持者们凭着这种不可思议的和平，当夜住宿在营帐中，从不顾虑第二天将发生怎样的事故。

等待政府逮捕的一群

我通知政府，表明我们并没有居住在脱兰斯瓦尔的意思，这是我们为了抗议大臣食言，而借以表达我们在被剥夺荣誉以后所有身受的痛苦罢了。假若政府有意要在当地即却尔斯登把我们逮捕的话，他可以解除他的隐虑。我们的运动是公开的，我们不愿意在我们当中有人秘密地溜进脱兰斯瓦尔去，但是我们不能担负每一个人的行动责任，因为我们所率领的是几千名几乎互不相识的陌生人，我们除了用爱的力量感化劝导他们以外，无法运用其他的制裁方法。最后我向政府提出保证，若废止3英镑的人头税，罢工就会立刻结束，而那些登记的工人们即可复工，因为我们并不要求他们参加有利于我们其他宣言的总罢工。

当时的情形是混乱而难于掌握的，我们不知道政府将在何时逮捕我们。但是，处于那样困难的环境中，我们不能长期等待政府的答复。于是我们决议，若是政府不拘捕我们，大家立刻离开却尔斯登而到脱兰斯瓦尔

知识链接

托尔斯泰

列夫·尼古拉耶维奇·托尔斯泰，俄国作家、思想家，19世纪末20世纪初最伟大的文学家之一，19世纪俄国伟大的批判现实主义作家，是世界文学史上最杰出的作家之一，他被称颂为具有“最清醒的现实主义”的“天才艺术家”。主要作品有长篇小说《战争与和平》《安娜·卡列尼娜》《复活》，也创作了大量童话。他的作品描写了俄国革命时人民的顽强抗争，因此他被列宁称为“俄国革命的镜子”。列宁曾称赞他创作了世界文学中“第一流”的作品。

去。我们若在途中不遭拘捕，这一支“和平的军队”须在8天内连续每日跑30千米，到“托尔斯泰别庄”去，一直逗留到罢工终结为止。在这个时期中，大家都必须自食其力。卡伦巴赫已经做了一切必需的准备。大家亲自动手搭起泥土的蔽身处所，唯一的困难是恰逢下雨的季节，每一个人都应该有避雨的地方，但是卡伦巴赫却确信有解决的办法。华克斯路斯德的市镇比却尔斯登大两倍。有一个开面包店的欧洲人老板愿意供给我们面包。他不但没有利用时机抬高售价，而且依照市价供给我们上等质量的面包。他按时用火车运送面包，所有铁路上的雇员也都是欧洲人，不仅从没有耽误时间，而且一路上小心照料并给我们相当的方便。他们知道我们心里丝毫不存敌意，而且我们无意祸害任何一种生物，我们只在追求正义的伸张。我们四周的气氛非常纯洁清净，我们要维持这样的风气让爱的情感充溢在我们中间，无论我们是基督教徒、犹太教徒、印度教徒还是伊斯兰教徒，大家都彼此亲密得有如同胞弟兄一般。

※甘地曾经的临时居室

第一次被捕交保

那晚，万籁俱静，我正准备就寝的当儿，忽然听见脚步声。我看见一个欧洲人，手里拿着一盏灯走过来。我知道他的来意，但是我并不作任何的准备。那个警察对我说：“我奉令来拘捕你。”“你要带我上哪里去？”“先到邻近的火车站，然后再乘下一班火车到华克斯路斯德去。”“我会跟你同去，但是我有几句话须吩咐我的同事。”

我唤醒了奈都，他正睡在我的身边。我把我被捕的事情告诉他，并要求他在第二天早晨以前，不去惊动那些游行的人们。在太阳出来以前，仍应该照常步行出发，一直等到休息，散发食粮时，才可以把我被捕的消息宣布出来。若游行的群众遭到拘

※对民众和蔼可亲的甘地

名人名言

以眼还眼，世界只会更盲目。

——甘地

捕，那时有人问起我的消息，也可以据实以答，否则，大家都要依照原定的计划继续前进。

我跟随那个警察同乘火车到华克斯路斯德去，卡伦巴赫也在那里。因为当地的检察官还没有做好审讯前的准备，决定将我的案件延期两星期再开庭审讯。我得到改期讯问的判决，并准交保50镑，出外候讯。卡伦巴赫为我预备好一辆车子，立刻把我送到“侵略者”的部队与众人会见。《脱兰斯瓦尔导报》的特派记者要求和我们同行。我们便和他同车，他发表了一篇很生动的纪实，描述我被捕的经过、我的旅行以及我和游行者相会时的热烈情形。我们继续前进，但是希望政府还我自由是不可能的事。于是，在8日的一天，我在斯当台登再次被捕。当地的人民捐助我们大量的糖酱罐子，我们费了很多的时间才分发完。

我下令叫游行的队伍继续前进，而我则和逮捕我的官员离开众人。在走入法庭时，我发现几个与我合作的同事也已被捕，共5个人：奈都皮哈里亚穆罗荼、郎那罗扬辛哈、剌乌那拐苏和剌因康。政府不

※瘦小的甘地领导着印度人民走向独立

※胡桃竟成了甘地的主要食物之一

愿意将这些人收容到牢狱里去，也不愿意把他们释放出去，为防备他们替我带信到外面去，便决定将卡伦巴赫及波拉押解到华克斯路斯德去，而把我另外押到一个无法看见印度人的地方。

我被禁锢在勃洛恩方顿的牢狱里，这里只有50名印度人，他们都是旅馆中的侍应生。我是唯一的印度狱犯，其他的人犯都是欧洲人或黑人。我不曾为这样的孤独而表示不满，我反倒觉得那是一种特别优惠。从此以后我不必操心俗事。过去我从来没有过那样长的时间可以读书，尤其是自从1893年后，我就没有这样的清福，如今居然有一整年的读书时间，这让我感到莫大的愉快。

在勃洛恩方顿的牢狱里，我充分利用我的时间。虽然有许多不方便的地方，可是那都是可以忍受的。牢狱中的卫生官变成了我的朋友，狱丁忠守他的职务，至于医师则尊重犯人的利益。在这段时间，我只吃果子果腹。我依赖香蕉、番茄、鲜胡桃、橙子和橄榄油为生。若这些食品中有一种质地变坏了，我就要闹“饥荒”。那位医官特别留意我的食品，他还替我添加杏仁、胡桃，他亲自检验人们送给我的一切食物。我所住的监房，缺少空气，医官便用尽方法想把房门开放，让空气流畅，可惜不能如愿。

卡伦巴赫被押在普莱多里亚的牢狱中，而波拉则囚禁在才米斯东。政府这样的处置，好比一个女人拿一把扫帚去遏阻海洋中的激流一样。

煤矿变成监狱

纳塔耳的印度工人们已经觉醒了，世界上没有一种权力，可以遏阻他们做首饰的珠宝商人，把金子放在试金石上摩擦。若是他对于金子的纯净还不满意，他可以把它放到火里去烧，再用铁锤锻击直至杂滓消灭，剩存纯金为止。南非的印度人也受着类似的锻炼。他们被放在水深火热之中，备受锻击，他们没有什么毕业文凭，却经历着有如考试的一切阶段而安然地走出考场。游行者们搭乘特定的火车，不是到郊外去举行野餐，而是去受火的洗礼。他们一到达纳塔耳，就立刻被逮捕，关到牢狱里去。那原是我们所期望的。

但是政府方面，为了要看守这几千个工人，还要拨出一笔新的支出，而且好像中了印度人所布置好的圈套一样。至于那些煤矿的工人们，也有罢工的趋势，若这样的情景继续下去，不久之后，政府势必被迫废除那3英镑的人头税。

于是政府采取这样一种措施应对：在煤矿的四周竖起铁丝网，并宣称从此以后，这几个矿区都成为滕堤和纽喀斯德牢狱的分狱，又任用欧洲人的矿主为狱丁，叫他们用武力强迫工人复工。在仆役与奴隶之间有一种显著的区别：若仆役擅离他的职务，他将受到民事控诉；而奴隶若试

图离开他的主子，则将受到武力镇压。那一批矿工从此便都降为奴隶。

但是，工人们都是很勇敢的，他们坚决拒绝到矿场工作，结果他们遭到凶暴的殴打。那些蛮横的人都接到新的训令——可以任意辱骂而且借莫须有的罪名痛殴工人。

可是，这一批可怜的人都忍耐着、挨受着这一切的苦难。

有人拍发关于这些事实的电报到印度去，向戈卡尔报告。因为他若不能按日收到详细的电报，便要亲自调查一切。那时戈卡尔患着重病，他在床上指挥一切。他虽有病在身，仍极关心南非的事件。他日夜研究整理并及时予以发表。结果，南非的问题变成当时大家热烈讨论的话题。

赫廷士爵士在玛达赖发表了一篇有名的演说，他激起了南非和英国舆论的热烈讨论。依照传统，总督不能公开批评帝国其他的大员们，可是赫廷士爵士不但严厉地批评联邦政府的言论，而且还竭尽心力替“真理把持者”（沙蒂雅格剌哈）辩护。赫廷士爵士的这种态度受到英国一部分人士的反对，可是他不但不予以驳诘，而且还声明他这样做的原因。赫廷士爵士的这种刚毅雄姿倒是使人产生了良好的印象。

※城市中的甘地铜像

我们暂且搁下那些被困在矿场的勇敢的工人们不谈，而来观察一下纳塔耳各地的情景吧！矿穴位于纳塔耳的西北部，可是大多数的印度人则聚居在海岸的南部与北部。我与海岸北部的工人们很熟，其中有些人曾在部耳人战争中与我合作过；至于南部的工人，只有极少人与我合作过，但是，罢工和被捕的新闻迅速地传扬开去，有好几千的工人出乎意料地自动从南方及北方源源而来。有一部分工人预料斗争将维持很久，所以甚至把家具都变卖了，他们表示不愿意接受他人的救济。

当我被捕入狱时，曾警告过我的合作同志们不要让其他的工人再参加罢工，以防止发生新的危机。我希望只得到矿工的援助便能获取胜利。若所有的工人（共计约有6万名）被召唤起来，是很难管理的。我们既没有人手可以管理他们，又没有足够供养他们的金钱，而且这大批的群众是无法避免发生危及公共秩序的事故的。“当水堰的闸门打开以后，再也无法遏阻洪水为灾。”各处都有工人们自动实行罢工，而义勇队员也散在各处从事纠察的工作。

政府于是决定采取一种铁血政策：用武力制裁工人罢工。许多骑马的警察驱使罢工者们复工，工人若抗拒，即开枪射击。有一个集团的工人曾奋起抵抗，其中有人投掷石子，警察即实弹射击，死伤很多人。但是工人们仍旧没有表示屈服。义勇队员们曾经费了很大的努力，在物路郎附近劝阻罢工的风潮，但是工人们并没有全体复工，只有一部分工人由于胆小的缘故而走避。

关于一个机智的勇士的故事是值得写出来的。成群的工人都聚集在物路郎，虽然当局用尽方法，可是他们拒绝回去。恰巧卢根将军领了士兵，正准备下令开枪射击，忽然来了一个名叫沙刺其的勇士，他是已故巴西路斯东氏的儿子，才18岁，他刚从德尔班赶来。他拉住了将军的马缰高喊：“停住！让我尝试用和平的方法叫他们复工。”卢根将军为这个青年的勇敢所感动。他争取到时间，并用爱的力量去说服工人。果然沙刺其劝导成功。许多人的生命，都因一个人的机警、勇敢与爱的力量而得救了。

在菲尼克斯过日子也很危险，可是，许多儿童们却有胆量去执行危险的任务。韦斯德也在那个时期被捕，虽然他平日行动谨慎，毫无可以给人逮捕的借口。依照我们的计划，韦斯德与马刚拉·甘地二人不但不应该去寻求被捕的机会，还须尽力设法躲避。韦斯德因此谨言慎行，并没有做出可使政府拘禁他的任何行为。但是政府只要视他为扰乱自由的人，便可以随便捕人。

韦斯德被捕的事情发生后，马上有人拍发电报给戈卡尔。他建议从印度派遣适当的人员到南非去。当“真理把持者”在拉河尔举行某次集会时，曾有一个叫安特鲁的英国人，捐出他所有的财产，从那时起，他的名字便被戈卡尔记住了。当戈卡尔接到韦斯德被捕的消息以后，即发电给安特鲁，问他是否愿意立刻到南非去。安特鲁即刻接受这个建议，他有一个很亲密的朋友叫皮尔逊，两人离开印度，搭上了到南非的第一班轮船。

我从牢狱释放出来

斗争已近结束。联邦政府不能将几千名无罪的人一直关在牢狱里，总督没有权力处置，而全世界都等待着史默兹将军的决断。史默兹将军清楚事件由来，他打算补救，但是他的处境尴尬，犹如一条蛇吞了一只老鼠，既不能咽到肚里去，又无法吐到嘴外来。因为他曾经答应过南非的欧洲人绝不废除那3英镑的人头税，也不能实行其他改良的制度，现在他不得不废除此税种，而且还要实行其他改良制度。凡是接受民众意见的政府负责者，为了要改变政策，往往以调查工作的名义先委任一个委员会，至于委员会所提出的建议书，都是预先决定好的。依照一般的惯例，凡是由委员会提出的意见，终可获得政府批准，政府就顺水推舟表示接受委员会的意见而付诸实施，这样将军就可以批准他从前曾经驳斥过的旧案。

※甘地使用过的物品

史默兹将军便委任三个委员组成一个委员会，印度人则表示若政府方面不能接受他们所提出

※甘地逝世纪念日，一名拜祭者在甘地铜像前高呼甘地曾经领导运动时的口号

来的若干要求，决不愿意和委员们发生任何的联系。在各项要求中，有一项是须恢复被囚禁的“真理把持者”的自由；另外一项是，委员中至少要有一人由印度代表担任。第一项要求总算被委员会接受了，为了力求彻底调查起见，巴卡伦巴赫、波拉和我3人，无条件予以释放。我们3人差不多被监禁了3个月，韦斯德也恢复了自由，他虽遭逮捕，但政府并未说出一条逮捕的理由。

这几件事情都发生在安特鲁与皮尔逊二人到达南非以前，所以我可在德尔班欢迎他们的来临。他们看见了我，既诧异又快乐，因为他们在旅途中并不知道这突然发生的事情。这是我第一次会晤到这两位高贵的英国人。

我们三人对我们的被释放都表示有些怅然。我们根本不知道外面发生的事情。一听到委员会的消息，都觉得诧异，但是我们明白我们不能用任何的形式或态度来表示合作。我们认为要求至少委任一个印度代表担任委员是势在必行的事。因此我们3人到德尔班时，便在1913年12月21日，联合写了一封信给史默兹将军，原文如下：

我们认可委员会的组织，但是我们反对委任爱司伦与卫里二位为委员，我们对于他们两人并不存在私人的恶感，他们都是知名且颇有才干的荣誉公民。但是他们两人平日不时表示厌恶印度人，他们持有这种偏见而可能并不自知，有人会想到这两位先生能突然改变往日的态度，这未免是一种奇迹。可是我们并不要求排除他们。我们只是提议，另外委任若干公正的人士共同参加，例如詹姆士罗司伊纳爵士与可敬的史兰纳君，都是没有偏见的著名人物；其次我们要求把所有被囚的“真理把持者”全体释放，若这一个要求不能满足的话，我们出了牢狱以后的处境是很困难的，而且事实上，毫无任何理由把“真理把持者”老是监禁在牢狱里；第三，若要我们向委员会提供证言，我们希望能够获得准许，到那些雇佣订约工人的矿工场和工厂里去，若是这些要求都不被接受，我们觉得很抱歉，不得不重新采取入狱的其他步骤。

戈卡尔得知我们计划做第二度的游行，便发了一个很长的电报，他极力劝导我们放弃行动以协助委员会。

我们处于进退维谷的境地。印度人早已决定好，若委员会不能依照他们的期望增加人数，他们宣誓和委员会绝交。这样一定会使赫廷士爵士愤然不悦，并使戈卡尔感到难堪，但是我们怎么能够收回我们的话？安特鲁叫我们要注意戈卡尔孱弱的身体，并且要我们顾虑到我们的决定将使他受到重大的打击。但是，实际上，这种顾虑常萦绕在我的思想里。领袖们曾召集会议，最后一致决定如果委员会不再增添委员的数额，将不惜付出任何代价与委员会绝交。

甘地的非暴力主张对社会产生了深远影响，图为非暴力主题雕塑

铁路职工罢工风潮

我们发了一个很长的电报给戈卡尔，其中有些词句，是由安特鲁拟稿的，原电的大意如下：

我们理解你会多么难过，但我们极愿意不惜重大牺牲遵从你的意见。赫廷士爵士给予我们莫大的协助，这种协助也是我们始终愿意接受的。但是，我们希望你能够体谅我们的苦衷，明了我们的处境。当前的问题是关于这件事几千个人都已宣誓过，绝无后悔，不能自食其言。我们整个斗争是以道德的约束为基础。若我们的宣誓不发生效用，我们中间早有许多人半途告退了。几千个人一旦取消了他们的誓言，那么道德上的一切约束都将毁灭无遗。这一种约束是经过缜密的考虑而决定的，所以毫无可以谴责的地方。我们觉得集团方面确实有宣布绝交的权力。我们希望你能宣称，像这样性质的约束不单不能加以破坏，而且无论如何不容许任何人违背。我们请你把这个电报交给赫廷

知识链接

路透社

路透社是世界前三大多媒体新闻通讯社，提供各类新闻和金融数据，在128个国家运行。路透社提供新闻报道给报刊、电视台等各式媒体，并向来以迅速、准确享誉国际。另一方面，路透社提供工具和平台，例如股价和外币汇率，让交易员可以分析金融数据和管理交易风险；同时路透社的系统让客户可以经由因特网完成买卖，取代电话或者纽约证券交易所的买卖大厅等人工交易方式，它的电子交易服务串联了金融社群。路透社是最早的通讯社，也是目前英国最大的通讯社和西方四大通讯社之一。

士爵士。我们希望不要使你处于错误的地位。神明将见证这一次的争斗，我们唯有依赖她做我们唯一的援助支持者。

戈卡尔接到这一封电报后，对他的健康造成了不好的影响，但是他仍旧很热诚且格外中肯地给予我们援助。他把此事电告赫廷士爵士，他不但没有把我们摒弃在一边，反而竭力支持我们的立场。赫廷士爵士也同样不辞辛苦为我们服务。

我和安特鲁一同到普莱多里亚去。在同一时期，又发生了联邦铁路欧洲职员的大罢工风潮，使政府陷入非常困难的处境。有人劝我在这时发动印度人的行动，以便利用这个时机，既可以协助铁路的罢工者，又可以完成我们的胜利。但是，我认为印度人不能援助那些铁路的罢工者，因为我们的任务并非压倒政府，我们的罢工宗旨和其他罢工者的目标完全不同。假如我们决定要行动，也须等待另一个时期，至少要在铁路罢工风潮解决以后才可发动。这样的决定使人产生很深刻的印象，并由路透社发出电报传达到英国。本地安普推爵士特地从英国发来道贺的电报。在南非的英国朋友也赞成我们的这种决议。

※甘地逝世62周年纪念日，他的骨灰被撒入大海

史默兹将军的一个书记说道："我并不喜欢你们这一群人，我绝不会有扶助你们的念头。但是叫我怎么办好呢？你们反倒在我们急难的时候来帮助我们，叫我们怎样忍心举起手来弹压你们呢？我常期望你们如英国人的罢工者使用暴力的行动，我们便可以立刻采取早已准备好的手段对付你们。但是你们并不加害任何一人，也不为难你们的仇敌，你们只用受苦的方法以求取胜利，你们从来没有越过你们自己所规定的礼貌与侠义的范围。这就是使我们无法可想的原因所在。"史默兹将军也表示出同样的感想。

这绝不是"真理把持者"向世人树立的仅有一次的榜样。当北部的印度人参加罢工时，爱才公勃山的园艺业者感到一种绝大的威胁，若那些已经砍下来的大批甘蔗不立刻设法运到作坊里去压榨，他们要蒙受一笔极大的损失费。于是便有12000名印度人恢复工作，一直等到工作完成后再参加罢工。另外有一次，当德尔班市政厅的印度职员停止了工作时，所有本来在卫生处服务或在医院中看护病人的职员，全部听从罢工团体的劝告回去工作。若卫生处的工作停顿，医院里的病人缺乏人照顾，那将发生疫症，这在“真理把持者”方面绝对没有一个人希望得到这样的结果。于是属于这一种部门的雇员们都没有参加罢工。“真理把持者”在决定行动以前，常须研究敌方的处境。我曾发现由于这些正义的行动而给予人们许多无形但却有力的烙印，不单提高了印度人的地位，而且布置了一种有利于谅解的环境。

当时的环境的确可以促成一种圆满的谅解。赫廷士爵士派彭雅孟罗勃斯东爵士搭乘专轮过来，预定到达的日期恰巧就在我们准备动身到普莱多利亚去的那一天。但是我和安特鲁来不及等他，就出发了。只因为我们须在史默兹将军约定的那天赶到普莱多利亚。我们其实也没有等他的必要理由，因为一切的结果都只能靠我们自己的力量。

※在纺纱的甘地

签订一种临时协定

我和安特鲁一起到达普莱多利亚。但是只有我一个人去看史默兹将军。将军正为铁路罢工而焦急，罢工的形势闹得很严重，联邦政府已经颁布了戒严的法令。欧洲的工人们不单要求增加工资，而且企图夺取政府的管理权。我和史默兹将军进行了第一次见面，会谈的时间虽很短促，可是我发现他已没有像我们的运动开始时那样的高傲了。那时，他甚至不屑和我交谈，虽然当初“真理把持者”的威胁也颇为严重，但他拒绝进行谈判。但是现在，他却准备和我商议。

我们签订了临时的和解协定，“真理把持者”行动告一段落，中止进行。许多英国的朋友们向我们表示祝贺，他们允诺尽力帮助我们达到圆满的解决。而印度人方面要接受这一个协定是很困难的，有一部分人士提起1908年那一次失败的往事道：“史默兹将军已经欺骗过我们一次，那一次的损失还不够使你明白不可信任他的教训吗？这个人重新欺骗你，将来如果你再发动‘真理把持者’的运动，有谁肯再听从你呢？难道大家都能随时准备入狱吗？”

我早已预料到有人要提出这样责难的话，所以我一点也不觉得诧异。“真理把持者”虽一再被人欺骗也没有什么关系，除非对方不肯履行他的诺言，否则也应当予以信任。“真理把持者”凭自己的信念从事，并不在乎别人的行为。即使一再受人愚弄还是应该继续信任对方，以期增强真理的力量，因此可以迅速获得最后胜利。

我在不同的地方召集了多次会议，最后，我让印度人接受了协定上的约定。从此以后，印度人更加明了“真理把持者”的精神。安特鲁是这个协定的调停人和见证人。若是我固执地拒绝这个协定，印度人方面一定要受到一种责难，而在胜利方面必然发生阻碍，而且在六个月以后不能如愿以偿了。梵文中有一句谚语：“宽恕是勇士的一种美德。”这样足以表示“真理把持者”具有丰富的经验，他从未授给他人攻击他的借口。不信任他人是人性的一个弱点，“真理把持者”努力于战胜一切弱点，所以他轻易不怀疑他人，他愿意战胜他的敌人，但他不愿意把对方予以颠覆消灭。

甘地雕像

第一次世界大战爆发

当斗争完全停止时，戈卡尔正在英国。他邀请我也到英国去。因此我于1914年7月和卡伦巴赫、卡斯多蓓都乘船到南安普敦。

在玛特尔时，我们得到随时即将宣战的消息。轮船驶进衣袖海时，我们得知战争（注：第一次世界大战）已爆发，海峡中已经布置好了水雷，船只行进时，颇感困难，我们花了两天的工夫才到达南安普敦。

8月4日，宣布战争爆发（注：英国向德国宣战）。6日，我们到达伦敦。

到了英国，我得知戈卡尔因为健康关系留居在巴黎，那时伦敦与巴黎间的交通已经断绝了，不知道他要等到什么时候才能归来。我不愿意未见他而回去，但是没有人知道他回来的确切日期。

这个时期我该做点什么呢？我对于战争须担负什么义务呢？我的一个狱友叫苏罗其阿达尼亚，他也是一个“真理把持者”，正在伦敦研究法律。他是一个优秀的“真理把持者”，所以被派送到伦敦求学，预备将来当一名律师，等到他回到南非时，可以代替我的职位。经由他的斡旋，我才得以和在英国留学的齐物罗其·梅笪博士等会晤。我们召集了在英国与爱尔兰的印度侨民，组织一个团体，我向团体陈述我的意见。

我觉得侨居在英国的印度人应该参加战争。英国的学生都已纷纷从军，印度人不应该落在人后。许多人反对这一建议并提出种种异议，他们认为在英国人与印度人中间有一条很深的鸿沟，我们是奴才，而他们则都是主子，在主子们遭遇危难时，一个奴才可以去和主子合作吗？做奴才的不是正可以利用这个时机以求取他的自由吗？我并不因为这样的议论而改变我的思想。我很明了过去英国人和印度人所处的不同地位，但我不承认我们已完全沦为奴才的地步。我知道英国的制度完全是让少数人员弄坏的，我们可以用爱的力量去感化他们。假使我们能够和英国人合作以改善我们的境遇，我们就应该在他们倒霉时和他们站在同一的立场，以获取他们的同情。在我看来，制度固然是有许多缺陷，却不是无法容忍的。但是，若我们对于制度失去了信心，绝不和大不列颠政府合作，那么如何叫那些对制度与官员都没有信心的朋友们和他合作呢？与我抱着异见的朋友们认为，现在正是一个绝好的时机，印度人可以宣布一种大胆的宣言进而改善我们的境遇。但我认为我们不应该利用英国骚乱的时机，发表我们的宣言，那是显而易见的事。我支持这个决议，而邀请凡是有志当义勇员的人都来报名，结果反应很好。

在义勇员中有不少各省及各宗教的代表们。

我写了一封信给葛莱物爵士，把事情的经过告诉他，同时表示我们愿意从事救护服务的工作，不知道他是否接受我们的奉献。葛莱物爵士略加考虑，终于表示接受，而且说明英国对我们在他们危难时提供帮助表示感谢。

那个时期，伦敦很困难，但没有恐慌，每一个人都尽力效劳。所有成年的壮丁都接受战斗员的训练，老人、妇女和残疾人做什么好呢？他们也有工作可以从事，他们缝制受伤战士的绷布及衣服。

※圣雄甘地

靛蓝的污点

图 说 名 人

洗涤靛蓝的污点

香槟蓝是耆那嘉王的土地（耆那嘉在印度传说中被誉为圣王。香槟蓝位于皮哈尔的北部，喜马拉雅山麓），今日遍地长满檬果树。在1917年前，那里是以栽培靛蓝的植物而著名的。香槟蓝的佃户们依照法律的规定，在20分的田中留3分给他的地主以种植靛亚，这种制度名叫“丁加靛亚”（“丁”作三字解，20分中的3个“加靛亚”等于一亩，这个面积的田应该种植靛蓝，故名“丁加靛亚”）。

我承认，我以前并不知道香槟蓝这一处的地名，也不知道它的地理方向，更不知道关于种植靛蓝的一切事件。我曾见过一小包一小包的靛蓝，但是根本不知道那些植物是在香槟蓝栽培并生产出来的，而且须经过几千名农夫艰辛的劳作才能种植出来。

从前有一个叫罗古麦·许克拉的人，是受到这种苛虐制度压迫阶级中的一人，他热烈地期望能为几千个和他有同样痛苦的农夫，涤去那个靛蓝。

当我出席1916年路克诺的国民议会时，他突然抓住我，劈头就说道：“华基巴部会把我们的痛苦解释给你听。”（“华基”解做律师，“巴部”是一种尊称）他央求我到香槟蓝去。

他所说的“华基巴部”不是他人，正是后来在

名人名言

对真理之神的忠诚，胜过其他所有的忠诚。

——甘地

香槟蓝和我合作的一个同伴，他的姓名叫弗剌雅基萧尔普剌萨（他后来成为甘地最忠实的弟子）。他是皮哈尔一切公众事业的一个幕后要人，罗古麦·许克拉领他到我的住处，他那时披了一件黑服，毫不抢眼，我只当他是一个利用穷苦农夫们的印度律师而已。我听到他提起香槟蓝的地名时，依照我日常的习惯回答："在没有认识实情以前，我不能发表任何意见。请你向国民议会提出你的议案，但是请暂时把我放在一边。"

罗古麦·许克拉自然需要国民议会予以援助，弗剌雅基萧尔普剌萨向议会提出关于香槟蓝居民的提案，最后得到全场一致通过。他要我亲自到香槟蓝去视察农民的疾苦，我答应愿把香槟蓝列入我未来的旅程计划中，并预备在当地住留一天或两天。但他说："只消一天工夫，你就可以目击一切。"

我从路克诺到岗坡去时，罗古麦·许克拉与我同行。我对他说："这一次请你原谅，我答应你，稍延迟一下，才能到那边去。"

我回到沙巴麦迪的真理学院后，又碰见形影相随的罗古麦·许克拉。他说："现在，请你约定一个日期吧，在某一个时期，我将要到加尔各答去；你到哪里找我，和我一同去好了。"可是我不知道我应当到哪里去，也不知将做什么事，去看什么。

在我到加尔各答以前，罗古麦·许克拉早已在那里等候着。这个愚鲁的农夫，没有受过什么教育，可是有着坚强的意志，这博得了我的同情。在1917年初，我们二人扮成乡下人的模样，离开了加尔各答到香槟蓝去。我连要乘哪一班的火车都不知道，罗古麦·麦许克引导我旅行，我们早晨时到达柏脱那。

知识链接

加尔各答

加尔各答是印度最大的城市，也是东方最大的商业名城之一，现为西孟加拉邦首府，人口916.56万。加尔各答距今只有300多年的历史。如果说新德里是印度优雅的首都，孟买是主要的工业城市，加尔各答则可说是一个充满智慧的城市了。此处诞生了不少世界知名的诗人、思想家及电影监制，而每日亦有不少前卫戏剧及美术展览举行。

最珍贵的友谊

这是我第一次访问柏脱那。在那里并没有人可以招待我的朋友。我对于罗古麦·许克拉的最初印象是，以为他在柏脱那具有相当的势力，但是在旅行的时候，我才更认识他，到达柏脱那时，我发觉他是完全无保障的人。那些印度律师们并不是他想象中的朋友，可怜的罗古麦·许克拉完全像他们的奴仆，在那样的当事人们和他们的律师中间存在着如恒河般广阔的鸿沟。罗古麦·许克拉带领我住在柏脱那的剌琴特剌普剌萨的寓所中，他本人已经到坡里或其他的地方去了，那里只有一个仆人，却不理睬我们。我身边没有带任何食物，我叫我的同伴到店铺去买一些枣子来充饥。

皮哈尔是个严格地遵守着与不可接触者隔离的习俗的地方。我不能和仆人们同时汲取井水，因为我的水桶里的水会溅到他们的身上，他们不知道我是属于哪一个种姓阶级。这些事情在我看来早已司空见惯，所以不觉得奇异。但这种方式的待遇，反而增进了我对罗古麦·许克拉的尊敬，而且使我更加认识他。于是我恍然觉得，他不能做我的助手，而须由我亲自动手去置办一切。

我在伦敦曾认识莫拉那马若鲁哈格，那时他正在研究法律，后来1915年我在孟买的国民议会中遇见他。当时他正任职伊斯兰教徒同盟会的会长，我们重叙旧谊，他与我约定，如有一天经过柏脱那时，请我到他家下榻。我忆起这个邀约，就写信给他。他立即乘了他的汽车来请我接受他的款待。我向他道谢，并请他指示我所想去的地方的第一班火车。他劝我先到摩若法尔坡。当天晚上就有一班火车，他送我上了火车。

那时葛里巴拉尼恰巧在摩若法尔坡。我是在喜特剌巴做客时认识他的。萧亚脱郎博士曾经讲述他过去的伟大牺牲、简单的生活和他以基金捐助萧亚脱郎博士所主持的真理学院之事。葛里巴拉尼原来担任摩若法尔坡政府大学的教授，我到达时他才辞职。我先发了一个电报给他，告知我要到摩若法尔坡，搭最晚的火车在深夜到达，于是他率领大队学生在车站等候我。他并没有住宅，他住在马嘉尼教授的家里，所以马嘉尼变成了实际的东道主。一位堂堂政府大学的教授竟肯收容一个像我那样的人物做他的宾客，在当时是一件非常大的事。

※甘地纪念章

警察署长的问候

我的目的是调查香槟蓝农夫的状态并听取他们对于栽培靛蓝的苦情，因此我必须和几千名的农夫接近。可是我觉得在进行调查以前，最好事先知道靛蓝栽培商的意见，而且还须去访问分区的委员。栽培商协会的书记坦白地告诉我，我只是一个门外汉，没有在栽培商人和佃户间做中间人的权利，如有什么意见可以书面方式提出。我则执礼甚恭地告诉他我并不愿意以门外汉自居，若佃户们要我担任调查的工作，我自然具有调查一切的权利。当我去访问委员时，他傲然地叫我立刻离开蒂鲁脱。我把这些经过告诉我的合作同志，我向他们说，政府方面极可能禁止我进行我的任务，我或许即将遭遇逮捕。最好我能在马蒂哈里或白蒂亚被捕，那么将会更为有利。香槟蓝是蒂鲁脱的分区，马蒂哈里则为区本部。罗古麦·许克拉的屋子在白蒂亚的附近，邻近都是分区内最贫苦的佃户们。罗古麦·许克拉希望我见见他们，我也抱有同样的见解。

我便在当天和我的合作同志们共同出发到马蒂哈里去，我们得知在五千米外有一个佃户遭受虐待的事情。我们决定在第二天早上去探问他。我们骑了一头象去，在香槟蓝利用象作交通工具，正如在古雅剌乘牛车同样地普遍，我们差不多走到半路时，警察署长派遣了一个差吏来追我们，说是署长托他代为致以问候。我明白这种传语的意义，就登入那个差吏所租来的一部车中。他即要求我接受这个命令，我则用书面答称，在我的调查工作结束以前，我不愿服从那个指令且不愿离开香槟蓝，于是我接受了一份通知——在第二天到法院去接受讯问的传票，因为我违抗政府的命令。

我终夜不睡地写了这信函，并向弗刺雅基萧尔普刺萨指示一切必须注意的事宜。

关于那一张命令和传票的新闻像野火一般蔓延出去，我得知这一天在马蒂哈里发生的情景是空前未有的。在戈刺克巴部的家里及法院中挤满了人，幸而我在夜里已经把我的工作都布置好了，我得以指挥示威群众。我的合作同志们也给我最大的援助，他们忙着领导示威群众；因为那一批人到处跟随着我。

在公务人员——传达吏、法官、警察署长——和我的中间涌起了一种友谊。根据法律我可以拒绝那些命令，可是我却相反完全地接受了，我对于公务人员的这种态度是极为正确的。他们因而了解我并不是有意凌辱他们，只是站在民事的立场反抗他们的命令，他们便如释重负地不再和我们为难，反而表示很高兴和我们密切合作以维持群众的秩序。显而易见，他们的权威已经发生动摇。这时民众们对于刑罚已不再存着恐惧的心理，他们都被新朋友所施予的爱所征服了。

大家应当不至于忘记，在香槟蓝并没有认识我的人。香槟蓝在恒河的极北部，在喜马拉雅山麓，接近尼泊尔，在印度本部以外。在这个地带中，实际上没有听说过关于国民议会的事情。和我的合作同志们商谈后，我决定不采用国民议会的任何名义。我们只做实际的工作，不招摇，注重事实而不虚张。国民议会这一名词，对政府、栽培者及其管理人来说，都觉得憎厌。在他们心目中，所谓国民议会只不过是一种律师舌战的场所罢了。国民议会方面并没有派遣代表在我们到达的地方做准备，罗古麦·许克拉本人又不能和几千名乡人接近。在他们中间，毫无政治上的组织，他们除了香槟蓝以外，不知道世界的其他事情，可是民众们却把我当成一个多年的老友般看待。这倒不是夸张的说法，我和这些农民们接触，犹如面对着神明、“亚喜姆沙”（不伤生物，非暴力）和真理一样。

我曾寻求使我能够实现这种使命的资格，我在我身上发现那完全是为了爱护人民的原因，也就是对于“亚喜姆沙”信念不动摇的一种表现。

这一天在香槟蓝所发生的事件，是我生平不能忘怀的一件大事，对于我和乡人们都是一个值得纪念的日子。

依照法律来讲，我应该受审判，但是实际上却变成了一件政府的诉讼案。

政府的律师、裁判官和其他的官员们对我的案件都感到棘手，如站在炽烈的火炭上一样，他们互相商议办法，并由政府的律师请求法院延期再审。但是我却向院长提出不要延期的请求，因为我愿意为违背离开香槟蓝命令的罪状提出辩论，我朗读这样的陈述书：得到法庭的许可，我愿意做一个简单的陈述，解释我为什么下了最大的决心，违抗刑律第一百四十四条的命令。依照我的拙陋意见，那只是因为地方行政者和我私人间存在着不同见解的原因罢了。我踏进这个土地的动机，是要为人道主义及国民服务。我答应了乡民们急不可待的邀请而前来，因为他们宣称受到靛蓝栽培商们不公平的待遇，希望我援助他们。我在没有研究问题以前，不能从事任何的服务，所以我特地来这里。若是可能的话，我计划和行政者及靛蓝栽培商们合作研究，此外实在毫无其他的动机，我绝不认为我参与此事会扰乱到公共的秩序或丧失人命。我自信对这一类的问题有许多的经验，可是行政人员并不赞同我的意见。我颇能体会他们的困难，我也知道他们只能奉令行使职权。我是一个奉公守法的良民，我的第一个行动就是服从命令。但是我一想到我来此应负的责任时，我便无法实行。我思索过，除非我留居在他们中间，否则无从援助他们，因此我不能任意地自行告退。在这个良心的争斗中，我只能把这个责任，卸放在强迫我离开人民的政府身上。我完全明了像我这样一个在印度公共生活中占有地位的人物，自当非常注意言行并以身作则。我还坚信在复杂的制度之下，一个有自尊心的人，他唯一安全而又维护名誉的态度，是毫不表示抗议。

我作这样的陈述，并不是打算要减轻我应受的处罚，而是要表明我忽视命令，并非对掌管法令的当局有什么失敬，只是为了服从我们人类最高的法律，即良心的呼声。

讼案的撤回

应该是没有延期审讯的机会了，但是法院院长和政府律师，都觉得此事在他们意料之外，于是法院院长宣布延期判决。在这段时期中，我把经过的详情发电报告总督、印度教正派领袖潘第马棠·穆罕马拉维雅和我的朋友及帕特那其他的人。

在法院还没有传我到法庭去听取判决文书时，法院院长送来了一份通知书，说是副总督（爱德华·贾斯爵士）已命令撤回我的案件，同时收税吏也写信给我，声明我可以自由进行调查，而且在必要时，我可以得到公务人员方面的援助。在我们中间，谁都没有期待过这种快速而又幸运的结果。

我去访问收税吏海德尔。他似乎是一个具有正义感的善人，他对我说，我可以随心所欲地去拜访他。

对于我所进行的调查事宜，需要政府保持中立的地位。而我的调查并不需要报纸的编辑或社论的支持。实际上，若有任何一篇评论过于偏激或文章染有浓厚的色彩，便很容易破坏我所要进行的事宜。因此，我写信给各种重要的报纸主管们，要求他们不必再派遣记者来访问，因为当我需要发表消息时，一定会叫他们预悉其事的。

政府允许我便利行事的态度，引起香槟蓝靛蓝栽培商们的不快。而且我知道，公务人员方面也对此感到不快，虽然他们不能作公然的表示，但那些不正确的或过于夸张的文章都容易激起他们的愤怒。届时，他们一定会将那一批穷困和恐惧的农民们当作泄怒的对象。这将对我调查事实真相产生不良影响。

虽然我采用种种的警戒，而靛蓝栽培商们则运用阴谋，企图掀起一场加害于我的运动。于是在报纸上出现了种种关于我私人及我的合作同志们的虚假新闻。但我极端地谨慎，同时竭力表白关于其中的微细事端，使谤难者放下他们的武器。不过靛蓝栽培商们只是转移方向，并对弗刺雅基箫尔不肯放松一步，但是他愈受毁谤就愈获得人民的尊敬。

潘第马拉维雅基曾经向我保证，每逢我需要他的时候只消写信给他就好了，但是我并没有打扰过他，因为这样可以避免政治的色彩。可是，我不时把那些不公开的报告，写信告诉各位首领们和重要

※影片《甘地传》剧照

的报纸，使他们得悉一切经过和情形。我还深知若事件的目标是具有政治性的，但是其原因却未必合于政治的场合，便不能附加政治的色彩而从事破坏，我们应该保持与政治无关的态度而加以挽救。

要把香槟蓝的调查报告作一详细的描写，无疑是叙述乡民本身的历史，那是不涉及政治的事。香槟蓝的调查事宜是真理和非武力运动的一种大胆试验。

在戈刺克巴部的家里进行调查工作不是一件容易的事，这要求他把全部房屋让给我们用。马蒂哈里的人民都像惊弓之鸟，甚至不敢出租房子给我们。可是，弗刺雅基萧尔巧妙地租来一座空的木屋，四周有很大的空地，我们就搬进去布置一切。

为了进行这种任务，没有经费是不能做事的。可是，我们从来没有为了要做这一类的工作而向公众募捐。弗刺雅基萧尔和他的朋友们都是清苦的律师，他们都自动慷慨解囊或愿意在必要时向他们的朋友求助。我决定不向香槟蓝的农民作任何的要求，同时也决定不向全国募捐，唯恐使我的事披上政治的外衣。

在孟买的朋友们愿意捐助我一万五千卢比，但是我向他婉辞道谢，并决定向住在香槟蓝附近的皮哈里富有人家募集款项，若再有其他必要的费用，我预定向住在郎共的朋友梅笪博士募款。梅笪博士知晓后立刻满口答应，我如有所需他可以如数寄来。因此，我们对于金钱可不必再忧虑了。我们用不到什么巨大的款项，因为我们愿意顾虑到香槟蓝当地的赤贫情形，而采用最大节约的制度。事实上，我们发现也不需要多大的消费，我有一种预感，我们不会用到三千卢比以上，凭我回忆所及，在我们募集所得中，还剩存几百个卢比呢。

我的同伴们在最初几天内过着的奇怪生活方式，成为我时常嘲笑他们的资料。每一个律师雇有一个仆人和一个厨子，所以每人有一间隔离的厨房，且时常在半夜吃晚饭，虽然律师们都是各人自己担负开销，但他们不规律的生活却使我感到诸多麻烦。但当我们相熟成为知交，彼此不会再发生什么误会时，他们便对我的嘲笑不以为然。到了最后，大家决定把所有的仆人都辞退，把厨房集中在一起，同时大家遵守用餐时间。大家虽不完全是素食者，但用二间厨房太不经济，所以决定只使用一个单独的素食厨房。我们还主张必须就餐简单化。

乡民的陈述书

这些调整不仅节省了经费，而且节约了时间和精力。大批的乡民来陈述他们的苦况，他们的同伴接踵而至，在庭园中及附近拥满了群众。最后，由五六个人担任义务笔录乡民陈述的工作，可是仍有若干乡人直等到晚上，才能诉述他们的苦境后回去。那些陈述并非都是重要的，大部分都有复杂的性质，但是除此以外不能使民众感到满意。在这种场合中，我颇能体会乡民的感情。

※印度乡民的生活

凡是登记陈述的人必须遵守若干条规则。每一个乡民须接受一种口头的测验，反复严密盘问。这样一来需费去很多的时间，部分的陈述书都具有不可辩难的价值。

印度刑事部有一个官吏监视我们笔录陈述的工作。我们本来可以阻止他出席，但是在最初我们即已经决定，不但不为刑事部的官吏们在场而感到不安，还要殷勤地招待他们，并尽量供给他们可参考的资料。这样一来对我们不但无碍，反而有益。事实上，乡民们在刑事部的官吏前陈述时，可使他们不存在恐惧心理。一方面，乡民们能够把过度的恐惧一扫而空；另一方面，有官吏在场也可以监察他们不作过分夸张的陈述。刑事部里的朋友们平日是擅长设法摆弄人们的，乡民们当然会加以注意警戒的。

我不愿挑起那些栽培商们的怒气，而是用温和的态度去说服他们，凡是那些被人攻击得最厉害的，我的责任就是设法和他们会面。我也去访问栽培商协会，我向他们传达乡民们的不满，并研究他们的见解。有若干栽培商憎恶我，也有若干人表示漠不关心，只有极少数的人对我以礼相待。

弗刺雅基萧尔和普刺萨二人真是举世无双的一对好伴侣。他们的忠诚服务使我甚至觉得，如果没有他们的协助，我不能决定任何一件事宜。他们的子弟和同伴们也常跟我们在一起，他们都是皮哈里人。他们的主要工作就是记录乡民们的陈述。

葛里巴拉尼教授不能和我们分离。他虽是外地人，但却好似生在皮哈里的人一样。我很少认识有人能够像他那样随遇而安的，没有一个人会猜知他是属于客省的人，于是他当了我的卫队长。因为他能够挡住那些慕名想见我的人们，并且会施用机智遣散那些不速之客。到了夜间，他仍须整理教授的作业，他的历史研究及独特的观察常使他的同伴们很感兴趣，他常常鼓励新的来客，使之不畏缩而壮起胆量来。

哈格的名字也应该记在我们在必要时需用的合作者的常备名册中，他每月中总有一次或两次来当我们的顾问。他平日所过的富丽奢侈的生活，和今日的简易生活相比，恰巧是尖锐的对照。虽然他喜欢穿漂亮的服装，且在我们中间常会产生一种异样的印象，可是我们总把他当作我们中间的一个重要人物。

绅士囚徒

图 说 名 人

沙漠中的呐喊

在反对“牢力委员会”报告书方面的运动日趋积极的时候，另一方面，政府实现委员会建议的决心也逐渐坚固起来，“牢力”的法案已经发表了。在我生平中，这是第一次到印度立法院中去旁听这一件法案。

立法委员沙司德里发表一篇激昂慷慨的演说，对政府提出严重警告，总督表面看起来好像倾听着一样，双目注视着沙司德里，任他自由发挥热流般的雄辩。一度，我以为总督也受到深刻的感动，因为那篇演说充满了真实的意义及情感，但是人们所能唤醒的是真正熟睡的人；若他是假装睡眠，对他

※甘地故居中的甘地像

名人名言

最高的道德就是不断地为人服务，为人类的爱而工作。

——甘地

是不会发生丝毫影响的，那恰巧是政府方面的状态。政府只想通过法律仪式，而对沙司德里的严重警告毫无反应。

在这种情态之下，我的声音也像沙漠中的一种呐喊。我在总督前，竭力诉诸并寄发私函及公开的信件，宣称政府的行为只能使我重振“真理把持”运动。但是这种表示也是徒劳无用的。

法案的条例还没有正式公布，而我的身体也还很衰弱，但是我接到马达剌寄来的请柬后，我决意涉险作长途旅行。这时，我还不能在会议中高声纵谈。我偶然尝试想作若干时期的谈话，便觉得浑身难过得发抖。

因为我曾在南非服务的缘故，我觉得我对泰摩人和德路古人还可以保持若干特权；南方的人民对我是具有相当的信赖。那一份请柬所具名的是卡士图里郎伽伊阳伽，可是等我抵达马达剌以后，才知道邀请我去的是罗雅古巴拉夏里。我们是第一次见面。他刚从萨伦来，预备来马达剌执行律师业务，答应卡士图里郎伽伊阳伽的邀约而来。我们到了马达剌便下榻在他的家里。

知识链接

印度教

印度教源于古印度韦陀教及婆罗门教，是世界主要宗教之一。它拥有10.5亿信徒（1993年统计数），仅次于拥有15亿信徒的基督教和11亿信徒的伊斯兰教。所谓“印度教”是存在于印度本土上的宗教、哲学、文化和社会习俗的综合称谓，它的信仰、哲学、伦理观点等复杂多样，甚至相互矛盾。

婆罗门教浮雕

反对盐税和发卖禁书

但是在这个时候，德里已经遵照最初的通知，在3月30日举行休业了。史华米希刺达能（他是印度教改良派的领袖）和哈金亚玛汗的意思，等于是法律。

德里的休业情景可以说是空前的。印度教徒和伊斯兰教徒联合起来活像一个人似的。史华米希刺达能被邀请到犹买马治寺院中去演讲。（那是德里最大的清真寺，印度教徒在那里演讲是破天荒第一次的例子）这些事情使地方上的执权者无法忍受。当举行休业的民众行列到火车站时，警察便出来镇

※虔诚的伊斯兰教徒

压，开枪射击，伤害了很多人，并在德里开始对人民采用高压政策。于是史华米希刺达能请我赶快到德里去，我回电报给他，表示必须过了4月6日才可以到达德里。

在德里所发生的事件，竟在拉河及安里察也重现演出。沙蒂雅巴及吉契鲁博士等约我到安里察去，那时我还不认识他们二人，可是我答应访察德里以后再赶到安里察去。

4月6日的早晨，成千的孟买公民都涌到查帕蒂的海滨去沐浴，后来列队向泰古特华出发。在行列中有若干妇女和儿童们，而伊斯兰教徒却占据大多数。丘泰古特华，我们中间有一部分人被伊斯兰教徒的朋友们请到附近的一所清真教寺里去，我和奈都夫人（都是印度教徒）都应约在那里演讲。费答达善刺雅尼提议，民众们要求宣誓使用印度土货及关于印度教与伊斯兰教联合统一的誓愿，我予以辞绝，答称宣誓不能在匆促之中举行，因为宣誓后便不得反悔，所以在宣誓之前，必须要大家先明白使用土货的意义，同时也应该使一般关心印度教与伊斯兰教联合问题的人，明了重大的责任。最后，我提议凡是愿意举行宣誓的人，不妨在第二天再召集一次会议。

不消说，在孟买举行的休业是得到完全的成功。事先对推进民众不服从的运动，早已有缜密的准备，最后决定，应该从民众最容易做的事上着手，以实行不服从法律的行动。

人民对于盐税原已表示不愿缴纳，那时正酝酿着一种反对运动。我提议从今以后，大家可以用海水在自己家中制盐，以抵制关于盐税的条例。

我另外有一个提议，是关于发行禁书的事件。原来我曾著有《印度自治》并译有鲁斯金的《直到终点》，两书都被禁止发行。若把这两本书公开发卖，在我认为是最容易表示不服从的一种借口，于是便叫人设法印刷，并在戒祭终止后的晚上集会时，散发禁书。

4月6日的晚上，许多义务人员携带禁书向民众兜销。我和奈都则乘车出巡。所有的书本顷刻间都卖完了。卖书所得的利润都充作不服从斗争的用途。那两本书的定价，每册4安那，但是，我记得大家都不照定价购买，许多人把他们囊中所有的钱都拿出来，每一册书往往付5个或10个卢比的钞票，其中也有一册贩售至50个卢比的。大家都知道购买这禁书有被捕入狱的可能，但是没有一个人怕入牢狱。

我变成绅士囚徒

事后我们得知，政府方面认为我们发卖的不是原版的禁书而是翻印本，翻印禁书后予以发卖并不触犯禁例。这样的一个消息竟使我们都为之失望。

第二天早晨，我们又召集了一个会议，讨论宣誓中关于使用土货及印度教与伊斯兰教联合的事件。到会的人数不多。我记得有若干姊妹也参加此会，男人出席很少；我携带誓约的起草书到会，在宣誓以前，先向出席的人详细说明誓愿的全部意义。我看见出席的人数寥寥无几，并不觉得诧异或难受，我早已注意到人民的气质，他们喜欢从事兴奋的事情，对平静的建设工作则不感兴趣。这种特异的对照现象直到如今还是不变。

※印度德里街头

4月7日的晚上，我动身到德里。4月8日我到达摩德剌，即听说我有被捕的可能。当火车开抵巴华车站以前，我接到一个书面的命令，不准我经过本雅的边境，其理由是防止我到那里制造扰乱事件。警察要求我下火车，但是我加以拒绝道："我要到本雅是为应约而去，不会做扰乱治安的工作反倒要消弭扰乱。我不能服从你们的命令，实在很抱歉。"

火车终于到了巴华。谭山和我同行，我要求他赶到德里去，把我经过的一切情形告诉史华米希刺达，并要镇定人心，向他说明我为什么违背命令的理由及我自愿受不服从命令处分的用意，我受到了处分以后，人民若仍旧能够维持和平，我们一定可以稳操胜券。

在巴华车站我被迫下车，即受到警察的看管。很快，从德里开来一节火车，我被押入三等车厢内，警察做伴。到了摩德剌，又被带到警察署，但是没有一个人告诉我将受怎样的处分，也不知道叫我上哪里去。直到第二天的早上四点钟，我被唤醒而且被放入一节驶向孟买的货车上。

到了正午，我在马度浦下车。监督警官鲍林君从拉河乘了邮件列车赶到，他是奉命来承办我的案子。我便从普通的囚犯一跃而入"绅士"囚徒之列。

警官竭力颂扬米盖尔爵士，说了一大长串的赞辞，他解释米盖尔个人并不欲与我为难，但是他唯恐我到了本雅后会引起骚乱。最后，他要求我自动回到孟买去，不要经过本雅的边境。

我答称不能服从这些命令，我不预备回去。因此警官说他不得不用法律来强制执行。我问："你预备怎样对付我呢？"他说他也不知道，只好静待命令。"现在，我先领你到孟买去。"

我们到了苏剌，警官将我交给另一个警官看管。当我们到了孟买，那个警官对我道："现在你可以自由了。"他还说："可是你最好在'海军线'那边下车，我可以叫火车在那里靠停。因为在高拉白车站一定有大批的群众聚集。"我答称愿意听从他的劝告。他表示欣喜，连连向我道谢。

我于是在"海军线"下车，那时，恰巧有一个朋友驾车经过。他送我到谢物里的家里。这个朋友告诉我，自从我被捕的新闻传出以后，民众们激愤万分，已到了疯狂的地步。他说："在毕杜尼（毕杜尼是孟买最热闹的市区）附近即有爆发暴动的可能，法官及警察们都已到那里。"正当我抵达指定的地点时，沙巴尼与亚那苏雅本赶来要求我立刻乘车到毕杜尼去。他们说："群众激昂万分，我们无法安抚，只有你才可以使他们安静下来。”

我即上了汽车，在毕杜尼附近果然看见大批民众。示威者们看见我都大喜若狂，他们顷刻排起队伍高喊：“敬礼国家”、“伟哉神明”。当群众的行列经过呵杜刺门路口，将朝克刺福莱市场过去的时候，突然，前面有一队骑马的警察，阻止群众向炮台方面过去。群众拥挤异常，几乎把警察的戒备线都冲破。群众已听不见我的轻微的叫声。警察们便下令驱散群众，骑马的警察们便举枪直向人群横冲直撞地进击。我瞬息转了一个念头，以为我必将受伤，后来才发现我是杞人忧天，因为警察只把枪轻触车缘而且迅速地离队。

示威者的行列已经被冲散，形成一片混乱的景象，有些被践踏，有些被压伤，在这人群中并没有通过马队的余地，也没有可以叫人民逃避的空隙。当骑兵盲目地直向人群堆里冲出一条路来，我不知道他们这样的行为可还稍存一丝良心，这是多么悲惨恐怖的一幕，骑兵和人群在狂乱的骚扰中断成一片。

群众已被驱散，游行也已经消除，我们的车子得以前进无阻。我叫车子停在警察署前，我下车要报告我所目睹的警察行为，我看见许多武装的士兵正戒备严密如临大敌般，走廊里则呈现混杂的景象。

※如今英国街头的骑警

与警察署长辩论

当我得到准许进入办公室里，看见鲍伦坐在葛里非的身旁，我把刚才目击的情景讲述给鲍伦听。他很干脆地回答我："我禁止那游行的队伍向炮台方面前进，是恐怕会发生骚乱的情景。后来看见人民不肯服从我的劝告，所以不得不命令骑马的警官们驱散群众。"

我说道："可是你必定知道此事将造成的结果

※鲜花中的甘地遗体

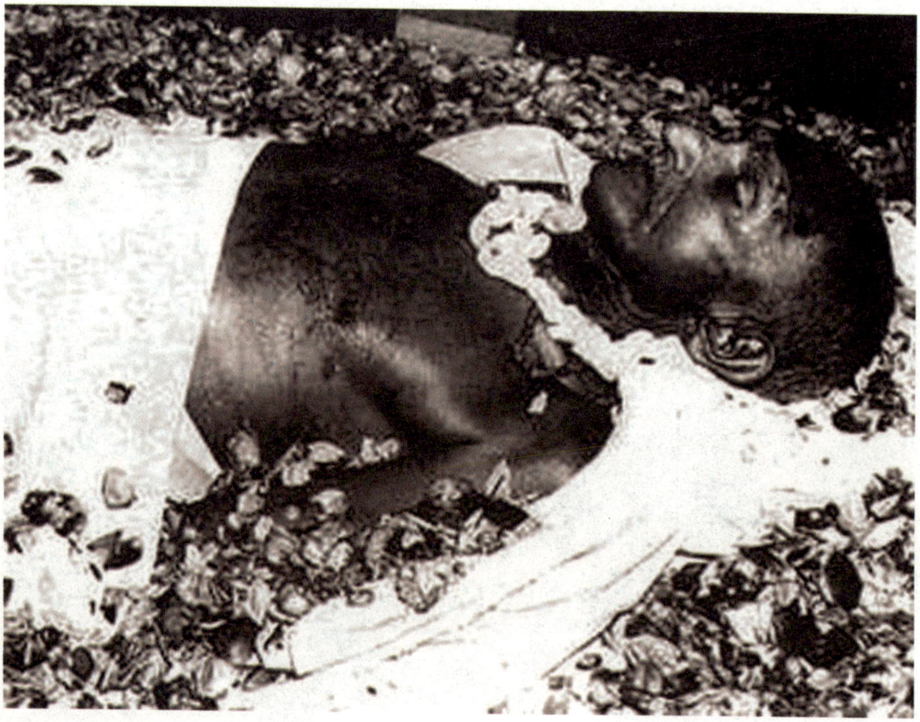

吧！马会蹂躏群众。我以为没必要派遣马队去镇压人民。”

葛里非说道：“你不能作这样的判断。我们当警官的，都比你更明白你的说教对于人民的效果。若我们不采用果断的手段，事态严重起来将使我们束手无策。人民必将不服从你的约束，而干出违犯法律的行为，他们不会理解维持和平的责任。我并不怀疑你的用意，但是人民不会理解你。他们将会跟从本能的冲动而起事。”

我说：“人民都爱好和平，并没有过激的天性。”

我们作了长时间的辩论。最后葛里非宣称：“假定你的说教已对人民没有效用时，你将怎样处置呢？”

“果真有这种情形，我立刻叫人民中止不服从的运动。”

“请等一下，不久你便会屈服。你可知道在亚美达巴所发生的事故吗，在安里察有什么事件是你知道的，人民都像疯子一般，我还不知道详细的经过。有几个地方的电报已经切断！你应该负起这一切扰乱的责任。”

“若我能获得证据，我极愿负起这个责任。我很难过而且惊奇在亚美达巴会发生骚乱，但安里察的变故我不能负责，因为我从来没有到过那个地方，更别提有人认识我。关于本雅一地，我敢说若政府没有禁阻我进境，我可以在维持和平方面竭尽心力，结果政府阻止我，反使人民被激愤起来。”

我们这样地进行辩论，双方很难有一致的意见。我即宣布我有意到查帕蒂的海滩上去召集一个会议，请求人民尊重秩序，我就告辞而出。

我在查帕蒂的沙滩上举行一个集会，演讲“真理把持”实行非暴力的意义。我说：“真理把持是真理的主要武器。从事真理把持者应是誓守非暴力的信徒。若人民在思想、言语及行动上不能遵守这个原则，我便不能公然再提倡真理把持运动了。”

亚那苏扬本也已获悉在亚美达巴发生骚动的情景。有人散布关于她被逮捕的谣传，工人们信以为真，都群起罢工，发生暴动，杀死了一个警官。我于是急忙赶到亚美达巴去。在路上，我又闻知有人企图掀翻那第亚车站附近的铁轨，有人暗杀维伦冈的政府人员，在亚美达巴已经颁布了戒严命令。人民都震骇万状。为了肆行无忌地发生暴动，如今大家都连本带利自食其果了。

不服从运动失败的原因

就一般情形而论，我们平日服从法律无非是怕受到惩罚，特别是对不包含道德原理的法律。一个“真理把持”者肯认真服从社会法律，因为他认为那是一种神圣的义务。只有能够这样服从社会法律的人，才可以判断哪些规则是善良公正的，或是不公正与恶劣的，并有权在某种范围以内发动不服从的运动。我的错处就是在事前没有遵守这个必要的原则，而贸然从事，我在没有考虑人民是否具有资格以前，便鼓动他们起事，这个错误在我看来的确像喜马拉雅山一般的重大。

当我踏入凯刺境内的时候，我重新忆起“真理把持”斗争的往事。我自问，当初我为何会没有发觉到那样显而易见的事情：在人民准备从事不服从运动以前，应该先完全明了它的深刻意义。

因此人家正可以这样对我说道：“怎样使一种习于规避法律的人民，能够突然了解不服从运动的真谛或不超出它的严格限制呢？”我承认，要千万的人尽守这样理想的条件，当然不是容易的事。为此，在从事一种新

知识链接

喜马拉雅山

喜马拉雅山脉是世界海拔最高的山脉，位于亚洲的中国与尼泊尔之间，分布于青藏高原南缘，西起克什米尔的南迦－帕尔巴特峰（北纬35° 14'21"，东经74° 35'24"，海拔8125米），东至雅鲁藏布江大拐弯处的南迦巴瓦峰（北纬29° 37'51"，东经95° 03'31"，海拔7756米），全长2400千米，主峰珠穆朗玛峰海拔高度8848.86米。

的不服从运动以前，必须先设立一个干部，其中的义务人员都须受过训练，内心纯洁且要完全明白“真理把持”运动严格的条件。他们可以向人民解说，并且时常加以警惕，扶助他们走上正途。

我抱着这种抱负到孟买去，并组织一个“真理把持”者义务人员的集团，然后开始教育人民，为他们讲解“真理把持”运动的真义，而且成功地发行一种宣传的小册子。但是，当这件工作正如火如荼地进行，我发现“真理把持”的和平方式很难使人感兴趣，即使在义务人员方面也不踊跃，而且他们都没有受过正规的训练。日子久了，新的人员不但没有增加，反而有逐渐减少的趋势。这时我才知道，关于不服从运动训练的进展，远没有我当初期待的迅速。

米卡尔要我负起在本雅所发生的一切事故的责任，并有几个本雅的激烈青年宣称要我负起颁布戒严命令的责任。他们说，若我不停止不服从运动，绝不会发生那幕杀戮的惨剧，有人甚至还向我威胁，若我进入本雅境内便要暗杀我。但是我明白我的处境是非常正大光明的，凡是稍具常识的人们，绝不会对我发生误会。我急于到本雅去。我从没有到过本雅，现在却愿意亲自去作第一次的实地调查。沙蒂亚巴、基德力尔博士和查达里诸君，都曾邀约我到本雅去，那时他们都已被捕入狱了。但是我深知政府不敢长期把他们和其他的囚徒监禁在一起。我在孟买时，有许多本雅人民来看我，我曾赠以鼓励的言语，使他们得到安慰，对他们，我自信仍具有相当的感化力量。但是我到本雅去的计划时常因故而耽搁下来。每次我要求总督准许我到那里，他总是回答：“时机还没有到。”所以终是不能成行。

※甘地的足迹可以说踏遍了印度的每个角落，包括孟买。图为孟买维多利亚车站

实行手工纺织

运动要开展，生产也要开展，于是我们开始自己织布。目标是要做到使用完全由我们自己织造的衣料，不用那些由印度织造厂生产的机制布匹。

我们还不能立刻织造供应我们需要的布匹。时日很快地逝去，而我的焦急也与日俱增。每逢来宾来访，都必向他们请教关于手工纺织的知识，尤其是向妇女们请教。

1917年，我承古雅剌蒂的朋友们邀请去当教育大会的主席，就在那里，我发现了有名的妇人刚家

※成卷的棉纱

佩。她是一个寡妇，但是她的事业精神却令人钦佩。她没有受过多少教育，但是她的勇气和知识，却在受过教育的妇女水准以上。她早已打破“不可接触者”的阶级观念，她毫无畏惧地为被压迫的人民竭诚服务。她有不错的收入，而个人的生活却很简单。她有一副健壮的体格，奔走各处不需要人护送，并且擅长骑术。我向她诉说关于纺车的苦闷，她答应为我努力搜访纺织机以减轻我的重负。

在古雅剌蒂做徒劳无功的搜访后，刚家佩终于在巴鲁达邦的维雅浦找到一架纺车。在当地有不少居民都置备纺车，不过已经放在无用的器物堆里多年了。这些居民告诉刚家佩，若有人能够按期供给他们棉纱，而且购买他们所织制的布料，他们答应从事织造。刚家佩把这个好消息告诉我。我觉得供给棉纱有困难，但当我把此事告知乌玛沙巴尼时，他立即替我解决了这个困难，他答应立刻从他的厂里供给我大量够用的棉纱。我把乌玛沙巴尼所供给的棉纱运给了刚家佩，纺织的工作便开始了，其产量之大，超乎我们的想象。

我为老是接收大批的棉纱感到愧疚，且采用机器制的棉纱也令我不安。我向刚家佩提意见，希望她能设法物色几个刷棉匠。她暗地里进行，终于找到一个刷棉匠。这个人要求一个月35个卢比的工资，我觉得并不太贵。刚家佩还训练了几个青年学习将刷好的棉花制成棉纱，她还在维雅浦发现几个织布工人，刚家佩的事业发展得出乎我们的期望。不久，维雅浦织造的土布便享有盛名。正当这件事在维雅浦顺利进行时，真理学院内的纺车也获得迅速进步。马江拉·甘地施展他卓越的机械才能，对纺车加以改良。真理学院已经能够自行制造纺车及附件。

知识链接

纺织机

纺织机就是把线、丝、麻等原材料加工成丝线后织成布料的工具全称，如纺坠、纺车、锭子、踏板织布机、机械织布机、数控自动织布机等。古今纺织工艺流程和设备的发展都是应纺织原料而设计的，因此，原料在纺织技术中具有重要的地位。古代世界各国用于纺织的纤维均为天然纤维，一般是毛、麻、棉三种短纤维。

给妇女们找到工作

随着织布运动的开展，很多人学会了织布手艺，很多妇女都能够织出不错的土布了。于是，怎样让她们能够专心织布生产成了一项要解决的问题。后来和纺织厂主的一次交谈中，我们谈了很多相关问题。

现代化纺织厂

我把搜访纺纱车的历程告诉他，并且说道："我完全赞成你的意见，我无须去当纺织厂主们的代理人，那不但毫无益处，而且对祖国是有害的。我们的纺织厂不必再忧虑没有主顾了。我的责任已经实现了，即从事组织，用手工艺来生产布匹，并去找寻推销这种土布的方法。我应当集中我的全部精神从事土布生产事业。我曾证明这是一种绝好的国货，它可以使那些只图半饱而无事可做的妇女们得到一些工作。我的主张是要叫那些妇女们纺纱，而叫印度的人民都穿用这种纺纱织成的土布。我还不知道这种运动将发展到什么程度。因为现在尚在初期，但是我对它有十分的信心。总之，无论如何，这是有利无害的。相反，即使在国货的生产方面